걱정이 많아 고민인 사람에게 이 책은 훌륭한 안내서가 될 것이다! 우리 내면에서 걱정이 어떻게 작용하는지 세심히 설명하고, 임상연구 결과로 증명된 다양한 자기계발 전략을 제시한다.

— 조너선 S. 어브래머위츠 Jonathan S. Abramowitz(노스캐롤라이나대학교 University of North Carolina 채플힐캠퍼스 교수이자 임상훈련 프로그램 책임자)

걱정과 불안에 대한 실용적 도구와 새로운 시각이 넘쳐나는 요즘 《걱정 다루기 연습》은 인지행동치료와 수용 기반 전략을 매끄럽게 조화시킨다. 이 책의 독특한 초진단적 접근을 통해 불안장애 스펙트럼 전반에 걱정이 어떤 역할을 하는지 살펴볼 수 있다. 또 저자의 확고한 목소리는 우리가 걱정과 맺는 관계를 바꾸고, 각자의 핵심 가치에 더 강하게 연결되도록 안내한다. 포괄적이면서도 강력하고 유연한 지침서가 아닐 수 없다!

— 채드 르쥔느 Chad LeJeune(인지행동치료아카데미 Academy of Cognitive and Behavioral Therapies 창립 회원이자 《걱정이 많은 사람을 위한 심리학 수업》, 《사고강박 Pure O》 저자)

이 책을 읽는 동안 저자의 친근하고 적절한 유머가 담긴 이야기에 시간이 가는 줄도 몰랐다. 무엇보다 불안과 관련된 자기계발 분야에 유용한 자료다. 저자는 걱정이 결코 해결책이 되지 못한다는 사실을 깨닫게 하고 대신 실질적으로 유용한 대안을 제공한다. 책 읽는 시간이 아깝지 않다!

— 존 허시필드 Jon Hershfield(결혼·가족 전문치료사 LCMFT이자 강박장애 및 불안을 위한 센터 Center for OCD and Anxiety 소장, 《강박장애 극복을 위한 마음챙김 워크북》 공동 저자)

걱정하는 심리를 이해하고 조절하는 데 도움을 주는, 친숙하고 이해하기 쉬운 안내서를 펴낸 벤 엑슈타인에게 감사를 표한다. 걱정은 선택에 불과하다는 말이 도무지 믿기지 않을 때 이 책은 명확히 설명된 전략을 통해 걱정을 통제하는 힘이 자기 자신에게 있다는 사실을 보여준다. 나는 이 책을 실천할 것이고, 주변에 추천도 할 것이다.

— **다이앤 데이비**Diane Davey(맥린병원McLean Hospital 강박장애 연구소 프로그램 책임자이자 국제
강박장애재단IOCDF: International OCD Foundation 이사회 회원)

걱정은 저절로 생겨나서 어찌할 수 없는 것처럼 느껴지지만 다행히 우리가 지휘할
수 있다! 저자는 마음이 어떻게 작동하는지 알려주고, 걱정에 접근하는 다양한 방법
을 전문적으로 엮어냈다. 이제 더 이상 걱정에 끌려다닐 필요가 없다. 직접 운전대를
잡고 최고의 삶을 사는 법을 배워보자!

— **제프 시맨스키**Jeff Szymanski(게팅투더넥스트레벨컨설팅Getting to the Next Level Consulting 설립
자이자 하버드대학교 의과대학 임상심리 전임강사, 맥린병원 임상 부교수)

끊임없는 걱정을 잠재우고 싶은가? 그에 대한 강력한 전략이 가득 담긴 이 책은 당
신에게 읽기 쉽고 실용적인 책이 될 것이다. 저명한 불안 심리전문가가 현대과학을
기반으로 쓴 이 책은 효과적인 불안 대처 계획을 세울 수 있는 다양한 방법을 제시한
다. 이 책은 정말 인상적이다!

— **리드 윌슨**Reid Wilson(《머릿속 소음 멈추기Stopping the Noise in Your Head》 저자)

걱정은 적이 아니다. 우리 삶에 필요하며 적응을 돕는 요소다. 다만 걱정을 하는 행위
자체는 비효율적이고 건강에도 해롭다. 이것이 이 책이 말하는 주제다. 불안장애를
겪는 사람들을 위해 세심하게 쓰인 이 책은 포괄적이고 증거에 기반한 전략을 제공
하며 걱정과 맺는 관계를 성장의 바탕으로 변화시킨다. 벤 엑슈타인은 단순 증상이
아닌 과정 전반을 다루어 걱정을 걱정하는 일이 우리가 통제할 수 있는 범위 안에 있
다는 사실을 친절히 알려준다.

— **조시 스피탈닉**Josh Spitalnick(미국전문심리학이사회 ABPP: American Board of Professional
Psychology 회원이자 애틀랜타불안전문가Anxiety Specialists of Atlanta CEO 및 설립자, 《회복탄력
성 기르기Raising Resilience》 저자)

걱정으로 고민하는 모든 이에게 가치 있는 뛰어난 자기계발서다! 우리가 통제할 수

없는 것들을 받아들이고 의미 있는 삶을 사는 방법을 가르쳐주는 선물 같은 멋진 책이다. 저자는 걱정을 비롯해 다른 비효율적이고 은밀한 정신적 행동들의 기능을 탁월하게 포착해 탐구한다. 이 책의 실천 과제와 조언은 우리에게 도움이 되지 않는 정신적 과정과 반응에 대해 더 잘 인식하고 구체적인 전략을 실행하도록 돕고, 더 가치 있는 현재를 살 수 있게 한다. 나의 상담 고객, 친구들과 이 훌륭한 책을 함께 읽고 싶다!

— 머리사 T. 마자*Marisa T. Mazza*(선택요법*choicetherapy* 창시자이자 국제강박장애 재단 행동요법 트레이닝 기관 강사, 《강박장애를 위한 수용전념치료 워크북*The ACT Workbook for OCD*》 저자)

얼마나 기분 좋은 책인지 모르겠다! 비유가 풍부한 이 책은 독자들이 폭넓은 증거를 바탕으로 만들어진 도구를 활용해 걱정을 없애도록 돕는다. 저자는 걱정에 집착하는 뇌의 복잡성을 인정하고, 익숙한 불안 패턴의 틀에서 벗어나는 전략을 소개한다. 또 목적이 있고 가치 있는 삶을 살기 위한 새로운 패턴을 만드는 도구도 제공한다.

— 에이미 머리아스킨*Amy Mariaskin*(내슈빌 강박장애 및 불안 치료센터*Nashville OCD&Anxiety Treatment Center* 설립이사이자 《강박장애를 가진 사람들이 관계를 발전시키는 법*Thriving in Relationships When You Have OCD*》 저자)

어떤 사람들은 중요한 문제든, 사소한 문제든 혹은 일상적인 상호작용까지 지나치게 많이 생각하는 경향이 있다. 머릿속에서 무언가를 고민하고 해결하는 일은 자연스러워 보이지만 문제는 이런 식으로 계속되는 사고 패턴 때문에 걱정의 악순환 속에 갇히는 사람이 있다는 점이다. 걱정은 많은 사람이 겪는 매우 흔한 심리적 투쟁이다. 적절히 억제되지 않으면 한 사람의 삶을 극도로 쇠약하게 만든다. 이 책은 과학적 근거를 바탕에 둔 다양한 접근법에서 유래한 기술들을 통해 걱정에 대처하는 전문적이고 적극적이며 실행 가능한 방법들을 제시한다. 각 챕터는 걱정을 지속하는 과정들을 다루기 위한 구체적인 기술을 다룬다. 걱정을 극복하고 즐겁고 활기차며 의미 있는 삶을 살고 싶은 모든 사람에게 필독서다!

— 퍼트리샤 E. 주리타 오나*Patricia E. Zurita Ona*(《완벽주의와 높은 성취를 향한 행동의 수용과 몰입 기술*Acceptance and Commitment Skills for Perfectionism and High-Achieving Behaviors*》, 《수용전념 치료를 활용한 강박장애 극복*Living Beyond OCD Using Acceptance and Commitment Therapy*》 저자)

걱정 다루기 연습

격정 다루기 연습

임상심리학자가 알려주는 격정과 사이좋게 지내는 법

벤 엑슈타인 지음 | 김보미 옮김

센시오

최고의 동반자 베카에게
감사를 전하며

걱정이 많아서
걱정인 당신에게

자기 자신에게 두려움에서 벗어나라고 말해본 적 있는가?

걱정이나 반추rumination 혹은 인지적 의식과 같은 사고강박에 시달리고 있다면 새벽부터 해 질 무렵까지 이어져 매일 반복되는 무척 고단한 일일 것이다. 흔히 걱정은 저절로 생겨나고 막을 수 없으며 절대 끝나지 않는 것이라 여긴다. 또 이런 정신적 의식 행위를 자기 자신과 분리하는 일은 쉽지 않다. 이런 인식은 종종 정신 건강 전문가들이 "당신은 걱정이 많은 사람입니까?"라고 물을 때 강화된다.

기억하라. 당신은 당신의 걱정거리가 아니다. 그저 걱정 속에 갇힌 것뿐이다.

우리는 왜 걱정을 할까? 왜 자꾸 걱정하느라 시간을 쓸까?

대개 인간은 불확실성을 좋아하지 않는다. 위험 부담을 줄이기 위해 답을 알기를 선호하고, 현실을 깔끔하게 분류하여 눈앞에 가지런히 정리하기를 원한다. 이때 걱정은 불확실성이 가져오는 불안과 고통을 줄이고 통제감을 얻기 위한 수단이 된다. 우리 뇌는 무언가를 걱정하는 과정과 그 문제를 해결하려는 행위를 동일시하는 경향이 있다. 문제가 우리의 통제 범위 밖에 있는 경우에도 마찬가지다. 이런 정신적 과정은 강박적이거나 마치 꼭 필요한 것처럼 느껴지지만 실제로는 역효과를 낼 뿐이라는 사실은 놀랍지 않다. 그렇다면 우리는 왜 이렇게 걱정에 갇히는 걸까?

오랫동안 작은 우리에 갇혀 산 호랑이의 이야기를 읽은 적이 있다. 호랑이는 매일 작은 공간을 빙빙 돌면서 나날을 보냈다. 그러던 어느 날, 마침내 구조되어 야생동물 보호구역의 광활한 푸른 들판으로 풀려났다. 새로운 미지의 초원에 들어서자마자 호랑이는 재빨리 어느 한구석을 찾아 갇혀 있던 우리와 같은 크기로 다시 빙빙 돌기 시작했다. 걱정, 반추, 정신적 의식 행위가 마치 이 모습과 같다. 삶에서 우리가 다른 효과적인 방법을 찾지 못할 때 상태에서 걱정은 어느 정도의 통제감을 느끼게 하는 필수적인 활동이 되는 것이다. 여기서 중요한 건 '대가는 무엇인가?'라는 질문이다. 이야기 속 호랑이가 치른 대가는 그에게 발견되지 못한 채 들판에 펼쳐져 있는 잠재된 아름다운 삶이다.

걱정이 많아서 걱정인 당신에게

걱정과 싸우고 있는 사람들은 걱정에서 벗어나기 위해 노력한다. 지나친 걱정과 반추는 도움이 되지 않는다는 사실을 스스로 상기한다. 그리고 이러한 인식이 왜 의미 있는 변화로 이어지지 못하는지 그 이유를 고민한다. 하지만 생각을 통해 걱정에서 벗어나려는 시도는 어리석은 일이다. 그 결론을 뒷받침하는 데이터를 얻고 싶다면 자신의 정체된 상태만 바라보면 될 일이다. 그러나 실제로 효과적인 것은 다음의 두 가지 새로운 관점이다.

첫째, 불안은 나의 적이 아니다. 하지만 내가 불안에 대응하는 방식은 적이 될 수 있다. 둘째, 걱정이 나에게 일어난 어떤 일이라거나 자신을 걱정의 피해자로 여기거나 '걱정 그 자체가 나다'라고 보지 말고 내가 선택하고 다룰 수 있는 행동이라고 생각할 수 있다.

ⅢⅢⅢ 이 책을 읽고 얻을 수 있는 것들 ⅢⅢⅢ

《걱정 다루기 연습》을 쓴 벤 엑슈타인은 만성 불안과 반추에 시달리는 사람들, 강박장애 환자들과 함께 수년간 일해온 숙련된 임상심리전문가다. 그는 걱정의 악순환을 깨는 데 도움을 줄 명쾌하고 포괄적이며 과정 중심의 도구들을 제공한다. 다른 책들과 달리, 의식과 걱정 그리고 반추와 같은 정신적 회피 행동을 중심으로 노출 및 반응 방지ERP: exposure and response prevention 행동 요법을 효과적으로 실천하는 방법에 대해 심층적으로 다룬다.

이 책은 명료하고 이해하기 쉬운 언어로 '걱정은 결과가 아닌 과정'이라고 설명한다. 그리고 걱정을 유발하는 생각과 걱정에서 뒤따른 자발적 걱정 행위를 명확히 구분한다. 다양한 사례와 흥미롭고 효과적인 실천 과제를 통해 걱정과 반추, 정신적 의식 행위의 본질에 대한 새로운 관점을 제시할 것이다. 저자는 이 모든 심리적 개념이 기능적으로 동일한 측면이 있기 때문에 같은 방식으로 다룰 수 있다고 말한다.

이 책에 담긴 네 개의 챕터를 간단히 살펴보면, 챕터 1은 걱정에 잘 대처할 수 있는 동기를 부여한다. 걱정의 작용 방식을 설명하고, 걱정이 생겨나는 과정을 표준화하고, 통제 전략을 통해 걱정을 약화하여 시간이 지남에 따라 변화할 수 있는 습관으로 설명한다. 챕터 2는 불안과 걱정에 대해 맞서지 않고, 더 현명하고 실용적인 관계를 구축할 수 있도록 돕는다. 인지행동치료CBT: cognitive behavioral therapy, 수용전념치료ACT: acceptance commitment therapy 및 추론기반치료IBT: ingerence based therapy의 전략들을 취합하여, 걱정 다루기 연습을 효과적으로 실행하기 위한 기본적인 태도와 원칙을 익히도록 할 것이다

본격적인 걱정 다루기 연습으로 들어가는 챕터 3은 걱정을 멈추게 하는 명확하고 실행 가능한 전략을 제공한다. 걱정에 대

해 인식, 주의, 참여의 관점에서 정의하고 이를 토대로 구체적인 대응 전략을 설명할 것이다. 즉 사람들이 걱정, 불안 등에 잘못된 방식으로 대응하는 경우를 살펴보고, 반추의 굴레에서 벗어나기 위해 관련된 습관을 바꾸는 명확한 대안들을 제안한다. 마지막으로 챕터 4는 앞에서 완벽하게 습득하지 못한 기술들을 연습할 수 있게 자기연민과 의지를 기르도록 독려한다. 여기서 자기친절self-kindness이라는 개념이 매우 중요하다.

스스로 걱정이 많은 사람이라며 이 책을 손에 들었다면 당신은 정말 운이 좋은 사람이다. 이 안에 담긴 아이디어에 열린 자세로 귀 기울인다면 오랫동안 당신을 가두었던 걱정이란 함정에서 벗어나 눈부신 성장을 이루게 될 것이다. 무엇보다 중요한 것은 혼자서든, 임상심리전문가와 함께하든 이 아이디어들을 체계적으로 실천해 나아가는 일이다. 이 책을 시간 들여 천천히 읽어보자. 포기하지 말고, 한 장 한 장에서 발견한 것들을 적극적으로 받아들이자. 그리고 실천을 통해 넓고 푸른 들판으로 나아가길 바란다. 책에 담긴 이야기가 당신 삶에 있는 불확실성을 아름답고 기쁨이 넘치는 가능성으로 바꿔줄 것이다.

당신은 걱정에 휘둘리는 사람인가, 걱정을 다루는 사람인가?

내 상담실을 찾는 사람들이 가장 흔히 가진 고민 중 하나가 걱정과 불안이다. 너무도 많은 생각에 시달린 끝에, 이제 거기서 그만 벗어나고 싶은 사람들. 이 책은 그런 사람들을 위한 책이다.

걱정과 불안은 사람마다 조금씩 다르게 나타난다. 저마다 독특한 질감과 색조를 가지고 있으며 일련의 생각과 감정, 믿음 그리고 감각으로 구성된다. 이 도움이 되지 않는 사고 패턴은 초진단적transdiagnostic(심리학에서 각각의 심리장애를 구분하기보다는 공통적으로 나타나는 임상적 양상에 초점을 두는 접근법 – 옮긴이)이다. 말하자면 일반 불안장애와 강박장애 환자들에게서 관찰되고 사회불안장애SAD: social anxiety disorder 와 외상후 스트레스 장애PTSD: post-traumatic stress disorder (이하 PTSD), 공황장애, 우울증 환자에게서도 나타난다. 내가 상담한 사람들이 겪는 많은 정신 건강 문제가 이런 유형의 반복적 사고를 포함하고 있다.

인지적 내면 세계는 실제 세계와 매우 쉽게 얽히고, 당신이 세상을 경험하는 방식에 영향을 미치며 정보도 제공한다. 걱정과 불안은 정체성의 매우 근본적인 부분으로 느껴지기 시작하고 때때로 다른 요소들도 작용했다는 사실을 잊게 만든다. 당신이 마음을 열어 이 과정의 이면을 들여다보는 일은 다소 벅차게 느껴질 수 있다. 이 책은 걱정과 불안이 어떻게 기능하고 유지되며 고착화되는지 검토하는 과정에 가이드가 될 것이다.

‖‖‖ 나만의 걱정 레시피를 알아내자 ‖‖‖

걱정의 본성이 그렇듯, 이 책은 특정한 진단에 국한되는 내용이 아니다. 여기에 담긴 아이디어와 기술들은 우리를 힘들게 하는 수많은 사고방식에 두루 적용할 수 있다. 진단이 유용한 도구인 것은 사실이지만, 때로는 단순한 증상의 나열로 그치는 경우가 많다. 또한 증상이라는 것은 그저 겉으로 드러난 일종의 부산물인 경우도 흔하다. 예를 들어 열이 나서 병원에 갔을 때 '발열 장애'라는 진단을 받고 끝난다면 의미가 없을 것이다. 의사는 몸속에서 발열을 일으키는 원인이 무엇인지 알아내려고 노력한다. 원인에 대한 이해 없이 증상을 치료하는 것만으로는 한계가 있다는 것을 알기 때문이다.

　미국 메이저리그 야구팀 오클랜드 애슬레틱스의 전 단장 빌리 빈Billy Beane을 아는가? 그는 야구에 대한 혁신적인 접근법을 가져온 인물로 유명하다. 영화 〈머니볼〉에 소개됐듯 2002년 그는 제한된 예산에도 불구하고 다양한 지표와 통계를 사용하여 기적 같은 성공을 이뤄냈다. 당시 야구 감독들이 전통적으로 활용했던 일부 도구가 실제로는 그리 유용하지 않다고 느꼈던 것이다. 20여 년이 흐른 지금, 야구팀들은 훨씬 더 발전된 통계를 사용한다. 결과(홈런, 안타 수)에 신경 쓰지 않고, 공의 발사 각도나 타구 속도, 운을 고려하거나 예상 결과를 예측하는 계산 등 기본적인 지표에 더 큰 관심을 갖는다. 결과는 단지 대략적인 추정치이며 미미한 상관관계에 불과하다는 것을 인식하고 있다. 더 정확한 분석을 위해서는 관측 가능한 지표를 넘어 실제 결과를 좌우하는 메커니즘을 살펴야 한다는 사실을 잘 아는 것이다.

　이 이야기처럼 우리도 증상 대신 과정에 초점을 맞출 것이다. 걱정과 불안을 유발하는 근본적인 과정은 무엇인가? 걱정은 행동 강화로 지속되는 것인가? 아니면 불확실성, 잘못된 믿음, 추론의 오류에 좌우되는 것인가? 걱정은 상상에 몰두하거나 생각과 섞이며 더욱 증폭되는 것인가? 걱정하는 방식으로 대응하는 데 너무 익숙해져서 자동적이고 습관적인 일이 됐는가?

　걱정과 불안의 여러 측면을 자세히 살피다 보면 이제 자신이 공감하는 부분에 주의를 기울이고 싶어질 것이다. 걱정을 해소하려면 걱정을 있는 그대로 보고, 무엇이 영향을 주고 지속하게 만드는가를 이해해야 한다. 사람들 대부분이 가진 걱정의 재료는 같지만, 레시피는 저마다 다르다. 그렇기에 당신의 걱정을 이루는 각 재료의 독특한 비율과 조합을 알아내야 한다. 걱정이 많거나 불안에 휘둘리는 사람이라는 결과 대신 그 이면에 작용하는 메커니즘을 알아내는 데 시간을 쓰자. 그 작동 원리를 일단 이해하고 나면 당신만의 고유한 걱정 레시피에 맞춰 조정된 기술을 익히고 쓸 수 있다.

⸗⸗⸗ 더 이상 걱정에 휘둘리지 않는 법 ⸗⸗⸗

이 책은 네 개의 챕터로 구성했으며 각각 다른 각도에서 걱정을 해부하는 것을 목표로 한다. 첫 번째 챕터에서는 걱정의 본질에 중점을 두고, 불안이 어떻게 작동하는지 이해하고 불안에 대한 접근 방식을 계획해 더 효과적으로 대응하는 법을 배운다. 불안은 우리의 적이 아니다. 생존에 유용하고 적응에 필요하다. 걱정이 도움 되지 않는 영역으로 이탈하지 않게 하려면 불안이 어떻게 작동하는가부터 철저히 이해해야 한다.

두 번째 챕터는 우리가 걱정, 불안과 맺는 관계를 다루는 데 초점을 맞춘다. 걱정이 유익하고 생산적이며 필요한 것이라는 믿음이 당신의 문제를 악화시킬 수 있다. 걱정으로 자기 신뢰의 기반을 더 견고히 다지기보다는 수많은 '만약에'와 희미한 가능성에만 주의를 기울이며 의심에 빠져버릴 수 있다. 이때 당신이 생각과 새로운 관계를 발전시키고, 걱정과 불안이 더 이상 지속되지 않도록 새로운 접근 방식을 배우기 위해서는 '메타인식' meta-awareness이 매우 중요하다. 메타인식은 마음의 중심을 잡고, 자신의 내적 경험과 상호작용하는 방식을 관찰하고, 의식적으로 선택할 수 있는 능력을 말한다.

세 번째 챕터에서는 걱정을 다루고 관리하는 방법을 말한다. 여기서는 걱정의 악순환을 끊는 전략을 개발하기 위해 행동적 관점에서 이야기한다. 걱정과 불안을 강화하고 지속하는 구성 요소를 제거해 습관적 걱정을 없애고, 머릿속의 소리를 관리하는 방법을 배운다. 고통스럽거나 불안한 생각을 피하는 대신 주의력을 강화하고 도움 되지 않는 사고 패턴에서 벗어나는 기술을 익히면 걱정의 굴레에 벗어나는 법을 배울 수 있다.

마지막 네 번째 챕터는 걱정에 덜 휘말리는 삶의 설계도를 그리기 위해 걱정이 적은 성향의 사람들의 특성을 살펴볼 것이다. 이러한 접근 방식은 여러 치료 모델에서 착안했다. 불안에 대한 여러 증거 기반의 치료법이 있지만 모든 사람에게 효과적인 단 하나의 치료법은 없다. 각 모델은 얼마나 유용한가와 상관없이 모두 불완전하다. 중요한 것은 치료 모델들이 불안의 특정 활성 성분을 해결하도록 맞춤화됐다는 점이다. 예를 들어 노출 기반 모델은 두려움의 조건을 다루는 데는 탁월하지만 불안에 관한 유익하지 않은 믿음으로 발생하는 걱정의 측면을 해결하는 데는 거의 도움이 되지 않는다. 마찬가지로 인지적 접근 모델은 불안을 다르게 대하는 방법을 배우는 데는 도움이 되지만 궁극적으로 걱정에서 벗어나도록 돕는 구체적인 도구를 추가해야 하는데 이는 이해와 통찰력만으로는 한계가 있다. 혹 당신의 걱정이 하나의 메커니즘으로 요약되는 희귀한 경우일 수도 있지만 대부분 복잡한 걱정에 속할 것이다. 그 걱정은 아마도 여러 요인으로 유지되며 개인의 복잡성을 설명할 수 있는, 좀 더 세심한 접근이 필요할 것이다.

어떠한 방법도 걱정을 '치료'하는 것이 아니다. 걱정이 지배하지 않는 삶을 살 수 있도록 돕는 도구와 기술이다. 내적 경험에 대한 새로운 접근 방식을 위한 설계도이며 마음을 혼란스럽게 하고 현재에 집중하지 못하게 하는 끊임없는 불안과 생각들을 탐색하는 전략이다. 이 방법들은 당신을 위험을 의식하지 않는 사람으로 변화시키지 않는다. 아무 걱정 없이 세상과 무관하게 사는 사람으로 만들지 않을 것이다. 말하자면 나는 당신을 '무감각'하게 만들 수는 없다. 대신 걱정과 새로운 관계를 맺고, 더 이상 걱정이 당신의 삶을 통제하지 않도록 다룰 수 있는 전략을 알려줄 것이다. 이제 시작해보자!

Chapter 1
걱정은 알면 알수록 작아진다

Chapter 4
걱정과 적당히 타협하며 살기로 했다

Chapter 1

걱정은 알면 알수록
작아진다

우리는 왜 걱정을 할까?

우리가 스스로 무언가를 선택할 때 그 선택이
우주의 다른 모든 것과 연결되어 있음을 알게 된다.

— 존 뮤어 *John Muir*, 《**나의 첫 여름**》 중에서

많은 사람이 자신의 불안을 해소할 비법이 있을 거라는 기대를 품고 상담소를 찾는다. 이 책을 읽고 있는 당신 역시 같은 기대를 할 것이다. 하지만 나는 불안이나 걱정을 사라지게 하는 방법 같은 건 모른다. 불안이나 걱정 문제로 고민하는 당신이 더 나아지기 위해 해야 할 첫 번째 일은 불안을 없애겠다는 목표를 바꿔서 효과적으로 공존하는 방법을 배우는 것이다.

불안은 나쁜 것이 아니다. 사실 우리에게 굉장히 유용하고 필요한 것이다. 간단히 말해 불안과 걱정이 없다면 우리는 모두

죽게 된다. 위험을 감지하고 교통사고를 예방하는 데 꼭 필요한 것이 바로 불안이다. 이는 위협을 피하고 안전을 추구하는 뇌 시스템에 중요한 요소이기 때문이다. 그러나 몇몇 사람들, 아마도 이 책을 읽고 있는 당신의 경우에는 불안 시스템이 약간 삐걱거리는 중일 수 있다. 생각들이 점점 더 커지고 끊임없이 이어져서 통제하는 데 어려움을 겪고 있을 것이다. 이렇게 지나치게 커진 불안한 생각들로 감정은 종종 더 강렬해져서 도움 되지 않는 상황이나 위협이 존재하지 않는 곳에서도 드러나기 시작한다. 흔히 직장에서 회의를 앞두고 머릿속에 떠오르는 회의에 대한 예상이 점점 공포로 변하는 경험을 해본 적 있을 것이다. 또 어떤 결정에 골몰해 있을 때 모든 세부 사항과 가능성을 끝없이 되짚으며 그 검토 과정이 눈덩이처럼 불어나는 경험도 해봤을 것이다.

불안 시스템은 다루는 법을 모르면 통제하기 까다롭다. 이 책은 당신이 좋은 도구와 기술을 갖추어 걱정이나 불안을 마주했을 때 더 적절한 대응을 할 수 있도록 도울 것이다.

‖‖‖‖‖ 걱정과 걱정하기는 다르다 ‖‖‖‖‖

먼저 살펴봐야 할 중요한 사항이 있다. '걱정'과 '걱정하기'는 다르다는 점이다. 명사인 걱정은 우리가 때때로 하는 생각의 일종이다. 동사에서 파생된 걱정하기는 우리 마음이 걱정에 사로잡혔을 때 일어나는 일을 가리킨다. 이 차이는 사소하게 들리지만 두 개념을 어떻게 구분하는지 배우는 것은 필수다.

좀 더 구체적으로 정의해보자. 걱정은 원초적인 생각으로, 마음속에 떠오른 의심이나 불확실성에 대한 인식이다. 이런 생각들을 생성하는 것은 우리의 뇌다. 모든 가능한 결과를 식별하고 잠재적 위협을 조사하는 것이 뇌의 기능 중 하나이기 때문이다. 기억하자. 뇌의 자동적인 걱정 반응이 없다면 건널목을 건널 때 멈추지 않고 달려오는 차에 주의를 덜 기울이게 되거나 친구가 화나서 나타내는 미묘한 몸짓의 변화를 알아차리기 힘들 것이다. 한편 뇌는 걱정을 생성할 때 생각들을 분석하거나 정제하지 않고 단지 쏟아내기만 한다. 그러므로 원초적인 생각들은 일부 도움이 되지만 그중 많은 것이 마음속의 받은 편지함을 가득 채우는 정신적인 '스팸'일 뿐이다. 원초적인 생각은 통제할 수 없다. 내가 선택한 것이 아니라 단지 마음속에 떠올라버린 것이다. 다만 이를 어떻게 처리할지 선택하는 것은 나 자신이다.

걱정하기는 걱정에 대응하는 특정 방식이다. 의심, 즉 뇌가 무작위로 뱉어낸 '만약'에 관한 생각을 인식한 후 상호작용하는 일을 말한다. 이는 머릿속에 떠오른 생각에 집중하거나 분석을 하면서 적극적으로 관여하는 행위를 의미한다. 아마도 당신은 의심의 티끌이 전부 사라질 때까지 일어날 수 있는 확률과 시나리오를 머릿속으로 계산하여 불확실성을 제거하는 방식으로 걱정을 해결하려고 할 것이다.

걱정과 걱정하기의 결정적인 차이는 하나다. 걱정은 '그저 일어나는 일'이고, 걱정하기는 '내가 선택하는 일'이라는 점이다. 걱정하기는 능동적이고 자발적이다. 그렇게 느껴지지 않더라도 우리는 분명 걱정하기의 참여자로 하나의 역할을 맡고 있다. 한편 걱정은 우리가 참여하든 하지 않든 일어난다. 주변 세상에서 일어나는 일에 우리는 그저 마음 편히 눈감고 모른 척할 수 없다. 뇌가 계속해서 정보를 받아들이고 생각을 만들어내기 때문에 끊임없이 인식하게 된다. 하지만 다음 단계인 걱정하기는 우리가 직접 참여하는 일이다. 이때 우리는 마음이 걱정에 장악된 것처럼 느끼고 통제할 수 없는 상태로 본다. 이것이 이 책이 말하고자 하는 부분이다. 마음을 통제하는 기술을 쌓아서 다스리는 방법을 배워야 한다. 우리는 생각에 휘둘릴 필요가 없다.

⫼⫼⫼ 모든 걱정은 같은 무게로 만들어진다 ⫼⫼⫼

앞으로 걱정하기에 대해 아주 많은 것을 다룰 예정이다. 여기서 이런 의문을 품을 수 있겠다. "이 기술을 내 걱정에도 적용할 수 있나요? 내 생각에는 무언가 다른 부분이 있는 것 같은데요? 만약 내가 어떤 심리적 진단을 받았다면 접근 방식이 바뀌나요?"

걱정은 초진단적 현상이다. 즉 진단을 받아도 걱정은 다른 다양한 모습으로 나타난다는 뜻이다. 아마도 각기 다른 모양과 크기로 진단될 뿐이다.

걱정은 일반적으로 범불안장애 GAD: generalized anxiety disorder와 가장 밀접한 관련이 있다. 범불안장애는 보통 '과도한' 걱정이라고 설명한다(과도한이라는 말을 강조한 이유는 뒤에서 이야기한다). 범불안장애가 있는 사람들은 일상적인 스트레스에 걱정하는 반응을 보이는데 그 정도가 일상생활에 피해를 주고 고통스러울 정도로 심각해지는 경우도 있다. 그러나 범불안장애가 집요하게 반복하는 생각이나 반추를 아우르는 유일한 진단명은 아니다. 오히려 그런 증상들을 설명하는 아주 많은 진단명이 있다.

강박장애에서 강박은 고통을 일으킬 정도로 반복되고 원치 않는 생각을 말한다. 이러한 생각은 고통을 방지하거나 감소시키기 위한 강박 행동으로 이어진다. 이를테면 '나는 문고리를 만져서 병이 날까 봐 걱정돼'(집착), '그래서 손을 씻어야겠어'(강박) 같은 식으로 이어진다. 손 씻기나 반복 확인과 같이 주변에서 쉽게 관찰되는 전형적 강박 증상은 익숙하겠지만 강박장애는 종종 정신적인 강박도 포함한다. 모든 강박 증상과 마찬가지로, 정신적 강박도 고통이나 불확실성을 줄이기 위함이다. 여기에는 반추, 정신적 검토, 생각멈추기 thought-stopping, 기타 다양한 정신적 과정을 포함한다. 강박장애에서 집착과 강박에 대한 개념은 걱정과 걱정하기의 차이를 적용해 설명할 수 있다. 집착과 걱정은 고통을 유발하고, 걱정하기와 강박 행동은 고통을 감소하기 위해 기능적으로 작용하는 일로 볼 수 있는 것이다.

하지만 이게 전부가 아니다. 사실 불안과 관련된 모든 문제는 어떤 형태든 정신적 과정이 포함된다. 공포증, 사회불안장애, 공황장애, PTSD 등과 같은 진단은 대개 불안이나 불확실성 문제를 해결하기 위한 반추 같은 여러 정신적 강박을 포함하고 있다.

이러한 진단들은 서로 특징이 조금씩 다르지만 걱정하기가 포함되는 것은 동일하다. 불안이 겉으로 드러나는 양상과 내용은 다를 수 있으나 그 이면에 작용하는 내부 메커니즘은 똑같이 겹치는 것이다. 정신적 검토 과정은 여러 진단 전반에 걸쳐 일관되게 나타나며 이는 특정 진단 기준을 충족하지 않더라도(혹은 전혀 들어맞지 않아도) 종종 유사한 기능을 수행한다. 사회불안장애가 있다면 사회적 상호작용에 관한 생각이나 다른 사람들이 내리는 잠재적인 판단에 사로잡혀 있을 수 있다. 강박장애를 가지고 있다면 어떤 피해를 입는다거나 도덕, 완벽주의와 관련된 생각에 사로잡혔을 것이다. 범불안장애를 가지고 있다면 일상적인 스트레스나 문제에 대한 생각에 사로잡힌 경우일 것이다. 어떤 내용이든 문제는 같다. 즉 어떤 생각에 사로잡히면 거기서 벗어나기 위해 스스로 고군분투한다는 점이다.

┉┉ 걱정은 빛 좋은 개살구 ┉┉

어떤 사람들은 강박 행동이 불균형적이고, 때로는 의미적으로나 논리적으로 두려움과 연동되지 않는다는 이유로 강박장애가 범불안장애와 다르다고 말한다. 본질적으로 강박 행동은 항상 이치에 맞지 않을 수 있다. 자물쇠를 한 번 확인하는 일은 어떠한가? 괜찮은 행동이다. 덕분에 가끔 실수를 발견할 수 있다. 하지만 열 번, 스무 번씩 확인한다면? 그렇게 많이 할 필요는 없어 보인다. 한 번 확인해봤다가 어쩌다 문이 안 잠긴 것을 발견했다고 말하는 상담 환자는 많았다. 그러나 아홉 번 확인하고 열 번째에 문이 잠기지 않을 것을 발견했다고 말한 사람은 단 한 명도 없었다! 이런 모습은 이치에 맞지 않지만 강박장애의 대표적인 특징 중 하나다. 다시 말해 두려움을 해결하기 위해 말이 되지 않는 것을 알면서도 그렇게 해야만 한다고 인식하는 것이다.

나는 범불안장애도 다르지 않다고 말하고 싶다. 금요일에 중요한 물리학 시험이 있다고 생각해보자. 물리학을 어려워하는 당신은 괜찮은 성적을 얻기 위해 시험을 정말 잘 봐야만 한다. 시험일까지 3일이 남았다. 시험을 잘 치르기 위한 가능성을 극대화하고 싶다면 시험 공부를 해야 할까, 아니면 시험 걱정을 해야 할까?

아주 쉬운 질문이다. 답은 분명하다! 만일 걱정하기가 매력적으로 보인다면 당신의 판단력에 문제가 있는 게 틀림없다. 걱정하는 행위가 시험을 잘 볼 가능성을 높여줄까? 절대로 아니다! 걱정하기는 공부하기와 다르다. 효율적이지도 않고 아무것도 이룰 수 없는 방법이다. 강박 행동과 마찬가지로, 이 경우도 두려움과 유의미한 연결 지점이 없다. 마치 도움 되는 일처럼 위장하고 있지만 실제로 전혀 그렇지 않다. 자물쇠를 열 번 확인하는 일처럼 잠재적으로 유용할 수 있는 행동에서 시작됐지만 하면 할수록 점점 뒤틀리고 구부러져 쓸모가 없어진다. 지금 걱정만 하는 당신은 필요한 무언가를 하는 중이라는 핑계로 헛수고만 하고 있을 뿐 목표에는 단 한 발짝도 가까워지지 않았다.

앞서 '과도한' 걱정하기에서 과도한이라는 말을 강조한 이유가 여기에 있다. 정의상으로도 걱정하기는 과도한 것이고 도움이 되지도 않으며 비효율적이다. 계획 수립, 문제 해결, 성찰 등은 걱정하기와 다르게 모두 유용하다. '과도한' 걱정하기는 ATMAutomated Teller Machine(현금자동입출금기계)을 'ATM 기계'라고 부르는 것과 같다. 이미 '기계'라는 뜻을 가진 말에 같은 의미를 더해서 부르는 것이다! 모든 걱정하기는 '과도한' 것이다. 만일 당신이 걱정하기 중이라면 목표를 향해 나아가는 데 효과적인 도구들은 포기한 채 완전히 다른 목표, 즉 단순히 고통을 줄이기 위한 행위만 하는 것뿐이다. 유용한 영역을 벗어나 목표와는 전혀 관련 없는 불필요한 영역에 들어섰다고 할 수 있다. 당신은 더 이상 목표를 향해 나아가지 않고 멈춰 있는데 그 와중에 에너지만 계속 낭비 중이다.

어쩌면 당신은 스스로 이렇게 말하고 있을지 모른다. "하지만 걱정하는 것은 도움이 되었어!" 그러면서 걱정하고 난 후 모든 일이 잘 풀렸던 경우를 떠올릴 것이다. 걱정을 했기 때문에 준비가 더 잘되었다고 느낀 때나 일어날 수 있는 결과를 예측해서 기뻤던 경험 등 말이다. 이것은 걱정하기를 계획하기와 혼동했을 뿐이다. 많은 사람이 걱정하기를 유효 요소로 착각하는데 실제로는 그저 부가물일 뿐이다. 긍정적인 결과에 걱정하기가 동반되었더라도 이는 결과를 이끈 동력이 아니다. 만일 당신이 목표를 달성했다면 분명 준비를 더 잘하고 목표 달성에 효과적인 다른 무언가를 했을 가능성이 높다. 머릿속에서 수천 번 반복적으로 생각했기 때문이 아니라 적극적으로 문제를 해결하고 목표에 도움이 되는 행위를 했기 때문이라는 뜻이다.

계획하기와 같은 유용한 영역을 벗어나 정신적 고민(걱정하기)이라는 불필요한 영역으로 선을 넘어갔다는 것을 알아채기는 정말 어렵다. 넘어선 후에야 비로소 선이 잘 보인다. 바로 걱정만 하다가 불안이 더 고조되거나 문제에 긴 시간을 할애한 데 비해 결과물이 별로 없다는 사실을 알아차리는 순간 말이다. 우리는 대부분 이러한 선을 정확히 모른다. 도움 되는 영역에서 도움 되지 않는 영역으로, 효율적인 영역에서 비효율적인 영역으로 선을 넘어서는 순간을 알 수 없다. 아마도 대부분 그 선을 갈팡질팡 오간다. 당신이 걱정하고 있다면 너무 조심하고 있다는 뜻이다. 마음에 어떤 의심이 들었다면 더 많이 움직여라. 충분히 해보지 못하는 위험을 감수하기보다 선을 넘는 것이 낫다. 확실성을 추구하기 위해 효율성을 희생하는 것도 나쁘지 않다.

다음의 표는 이러한 선 중 일부를 보여준다. 물론 실제로 적용할 때에는 조금 더 복잡할 수 있다.

도움이 되는 영역	도움이 되지 않는 영역
분석, 문제 해결	반추, 고민
과거 경험에서 배우기, 숙고	정신적 검토 및 확인
계획 세우기, 가설 세우기	확실히 알려는 욕구, 정신적 시연
현실과 연결하기, 논리와 추론 사용	재확신 추구

⁝⁝⁝⁝ 나는 어떤 유형의 걱정에 사로잡혀 있는가? ⁝⁝⁝⁝

걱정하기에서 벗어나기 위한 첫 번째 단계는 걱정하기를 인식하는 것이다. 눈에 보이지 않는 것을 멈추게 할 도리는 없다. 앞으로 인식을 키우는 도구가 더 많이 소개되겠지만 우선 걱정하기와 관련된 몇 가지 정신적 과정을 간단히 식별하는 것부터 시작해보자.

걱정하기는 종종 잡다한 보따리처럼 되는 경향이 있다. 걱정에는 여러 유형과 다양한 반응 방식이 있기 때문이다. 당신이 하는 걱정이 어떤 유형인지 아는 것을 주저하지 마라. 모든 사람은 그때그때 다른 유형의 걱정을 한다. 본격적으로 알아보기에 앞서, 선거 연설을 할 때 개인의 흥미로운 이야기를 사용하는 정치적 전략을 잠시 생각해보자. "저는 탄광이 문을 닫으면서 일자리를 잃은 웨스트버지니아의 한 가족과 이야기를 나눴습니다." 또는 "저는 대학을 가기 위해 동시에 세 가지 일을 하는 젊은 남성을 만났습니다."와 같은 유형의 말하기 전략을 알고 있을 것이다. 정치인들은 유권자들과 소통하기 위해 통계나 조사를 이용하지 않는다. 그들은 구체적이고 개별적인 사례를 언급한다. 자신의 아이디어에 실제 사례를 덧붙이면 아이디어가 더욱 강력해지고 훨씬 더 큰 반향을 일으킬 수 있기 때문이다.

자, 지금부터 걱정하기의 유형을 살펴보면서 실제 자신이 어떤 걱정하기를 했는지 경험을 떠올려보길 바란다. '맞아, 완전 내가 걱정하는 방식이랑 똑같아'에서 멈추지 말고 계속해서 더 구체적인 사례를 찾아야 한다. 당신의 경험과 연결짓도록 하라. 그리고 언제 그런 유형의 걱정하기를 했는지 생각해보라. 걱정의 내용은 무엇이었는가? 걱정하는 동안 기분은 어떠했는가? 걱정한 결과는 어떠했는가? 정신적 에너지가 낭비된다고 깨달은 순간에는 어떤 느낌이었는가? 같은 문제를 두고 계속 걱정한 적 있는가? 자신의 직접적인 경험을 파악하고 이해하는 것은 중요하다. 이러한 인식은 뒤에서 우리가 '개입'에 대해 자세히 알아볼 때 핵심적인 요소다.

걱정하기의 유형 목록으로 넘어가기에 앞서 간단히 한 가지 사실을 짚겠다. 이 목록의 범주는 완벽하지 않다. 중복되는 부분이 있을 수 있고, 당신이 다른 이름으로 알고 있는 것도 있을 수 있다. 그렇지만 크게 신경 쓰지 않아도 된다. 이 용어들은 걱정하기가 무엇인지를 이해하는 데 도움을 주는, 단지 출발점일 뿐이다. 이 과정에서 우리가 원하는 이름을 마음대로 붙일 수도 있다. 지금부터 이야기할 걱정하기의 목록은 다양한 양상으로 나타나는 걱정하기를 명확히 파악하는 데 도움이 된다. 궁극적인 목적은 당신의 경험을 더 정교하게 이해하도록 돕는 데 있다. 다소 부족하고 중복되는 부분도 있겠지만 이 목록을 통해 걱정하기의 전체적인 지형을 그려볼 수 있을 것이다.

반추: 생각의 꼬리를 물다

심리학에서 반추는 심한 수준으로 알아내려고 하는 것을 뜻한다. 또 문제 해결 과정이 지나치게 과열된 상태를 말한다. 대부분의 걱정하기가 그렇듯, 반추 역시 처음에는 유용한 행동에서 시작한다. 누구나 삶에서 분석이 필요하다. 우리에게는 거대한 두뇌가 있고, 복잡한 생각을 하는 놀라운 능력도 있다. 아이디어를 구상하거나 가능한 시나리오를 그려보고 정신적 시연을 통해 실행하는 것 등 모두 머릿속에서 해낼 수 있다. 지구상에 인간의 우수한 두뇌를 따라올 수 있는 다른 생명체는 없다. 하지만 우리는 두뇌의 힘을 아직 완전히 다루기가 어려워 때때로 적정한 정도를 벗어나기도 한다. 반추는 우리가 한계선을 설정하는 것을 잊을 때 일어난다. 마치 레몬에서 맛있는 부분을 얻고 난 후 더 짜낼 것이 없는데도 계속해서 더 비틀어 짜내려고 노력하는 것과 같다.

반추를 뜻하는 영단어 'rumination'(루미네이션)의 기원을 살펴보면 '다시 씹다'라는 의미의 라틴어 'ruminare'(루미네어)에서 유래했다. 이 단어는 원래 소와 양처럼 먹이를 곱씹는 방목 동물들을 가리킨다. 이 동물들은 풀을 씹어 삼키고 위에서 소화와 발효를 시킨 후 게워서 곱씹은 후 다시 삼킨다. 말하자면 자신이 토한 것을 다시 먹는다. 역겹지 않은가? 안타깝게도 이는 당신이 걱정을 하는 방식과 유사하다. 반추는 유용한 부분이 사라진 지 한참 후에도 이를 재검토하고 다시 추출하기 위해 생각을 계속 토해내는 것이다.

내 첫 집을 샀던 순간을 기억한다. 큰 결정이었고, 한정적인 예산으로 무엇을 우선시할지 선택해야 했다. 이웃에 어린아이들이 더 많은 집을 선택할까? 더 넓은 집이 좋을까? 인근에 더 좋은 학교가 있는 집이나 더 큰 마당이 있는 집은 어떨까? 독특하지만 고칠 게 많은 오래된 집과 무난하지만 손봐야 할 곳이

거의 없는 새로운 집 중에 무엇이 좋을까? 정답은 없다. 나는 모든 장단점을 나열하고, 그 목록 위에서 무한정 왔다 갔다 할 수 있었다. '이 집은 인근에 좋은 학교가 있다. 그런데 저 집에는 더 큰 마당이 있다. 아이들에게는 좋은 학교가 필요하다. 하지만 아이들은 큰 마당을 좋아한다. 그래도 역시 학교가 중요하다. 아니다, 마당이 더 좋다. 아니다, 학교다.' 나는 결정을 위해 다방면으로 검토할 수 있었다. 우리 가족의 미래를 모든 버전으로 그려볼 수 있었다. 하지만 그렇게 했다면 절대로 집을 살 수 없었을 것이다. 그저 영원히 분석의 감옥에 갇혀 마비 상태에 빠졌을 것이다. 이것이 반추의 현실이다. 중립 상태로 페달은 내려놓고 행동은 취하지 않은 채 고르고 고르면서 맴돌기만 할 뿐이다.

일반적으로 반추는 걱정하기와 동의어로 사용되는데 이 책에서는 두 용어를 교차적으로 사용할 것이다. 반추는 반복적인 사고 과정을 설명하는 한 가지 방법이다. 이어서 소개되는 걱정하기의 다른 유형들은 각각 좀 더 구체적인 양상을 보여주지만 궁극적으로 반추의 범주에 속한다. 우리가 가끔 과거의 실수에 집착할 때처럼 반복되는 생각에 집중하는 사고 과정을 반추라고 부른다. 또 종종 우울증처럼 부정적인 생각에 초점을 두는 상황을 가리켜 반추한다고 표현한다. 심리학 분야에서 반추는 다양하게 정의되며 적용된다. 이 책에서는 도움이 되지 않는 사고방식의 많은 다양한 변형을 다루는데 이러한 다양한 정의 중 어느 것이 옳거나 틀린 것은 아니다.

정신적 검토 및 확인: 정답에 대한 집착

정신적 검토 및 확인은 무언가를 더 명확하게 파악하기 위해 과거 경험을 떠올리고 기억하는 일을 말한다. 마치 전화 게임 (첫 사람이 다음 사람에게 특정한 말이나 단어를 전하면 들은 사람이 다음 사람에게 다시 그 말을 전달하며 이어지는 놀이 – 옮긴이)과 같다. 즉 기억은 더 자세히 확인하고 검사할수록 덜 명확해진다는 뜻이다. 기억이란 단지 생각의 한 종류일 뿐임을 명심해야 한다. 과거 사건에 대한 기억도 정신적 표현에 불과하므로 편향, 인식 및 왜곡의 영향을 받는다. 지나친 검토와 의심에 영향받은 기억은 시간이 지남에 따라 퇴색한다.

일반적으로 사람들은 어떤 경험을 한 직후에 가장 유용하고 건설적인 성찰을 하는 경향이 있다. 예를 들어 취업 면접을 마치고 나오면서 이런 생각을 했다고 가정해보자. '잘된 것 같아. 처음엔 좀 긴장했고, 전 직장에 관한 질문에는 더 나은 대답을 할 수 있었겠지만 전반적으로 괜찮았어.' 그리고 나서 집으로 돌아와 면접 상황을 떠올리며 더 생각해본다. 면접에서 답했던 다른 질문들을 떠올리며 더 나은 답이 될 만한 다른 대답을 상상하기 시작한다. '내 말투가 적당히 차분했나?' '지나친 겸손을 보인 탓에 전문가답지 않았는가?' 이후 고용주로부터 즉시 연락받지 못하면 슬슬 의심하기 시작하면서 점점 더 크게 느껴지는 사소한 실수를 찾아내고 비판적으로 판단하게 된다. 면접을 마치고 나오면서 이미 유용한 정보를 얻었음에도 검토에 검토를 반복하면서 의심이 기억을 흔들기 시작한 것이다. 더 많은 정보를 찾기 위해 계속해서 기억을 되짚으며 상황을 명확하게 해 줄 새로운 정보를 발견할 수 있는지 확인한다. 실제로 원하는 목표는 면접에 대한 합격 여부지만 그 답을 얻을 방법이 없으므로 계속해서 생각만 되풀이하는 것이다. 걱정하기의 다른 많은 측면과 마찬가지로, 이 과정 역시 확실성을 얻으려는 노력이다. 답을 얻을 수 없어서 그냥 생각만 많이 하는 것이다.

확실히 알려는 욕구, 정신적 시연: '만약에'의 굴레

이 유형의 걱정하기는 정신적 검토와 비슷하지만 이미 일어난 일에 중점을 두는 것이 아니라 앞으로 일어날 일에서 명확성을 찾고자 한다. 머릿속으로 수천 가지 시나리오를 실행해 보면서 아무리 가능성이 낮아도 절대적으로 배제할 수 없는 불확실한 사건들을 계획하고 대비하는 것이다. 원인과 결과를 예상하고 주변 환경에 대해 알고 있는 것을 조합하여 무슨 일이 일어날지 추측하는 것에는 아무런 문제가 없다. 하지만 이득이 되는 시점이 지났는데도 계속해서 정신적 시연을 실행한다면 그때부터 문제가 된다.

이런 종류의 걱정하기는 대개 '만약에'로 시작한다. '만약에 비행기가 연착되고 연결편을 놓치면 어떡하지?' '만약에 회의에서 멍청한 짓을 하면 어떡하지?' '만약에 시험에서 떨어지면 어떡하지?' '만약에 내가 무례한 말을 내뱉으면 어떡하지?' '만약에 별로인 식당을 선택하면 어떡하지?' '만약에 내가 이 일에 적합하지 않다면 어떡하지?' '만약에 내 선택을 후회하게 되면 어떡하지?'

우리는 미래를 알 수 없다. 어떤 선택이 최선인지도 모른다. 일단 하나의 문을 통과하면 다른 모든 문은 닫힌다. 잠재적인 선택들이 어떻게 전개될지 미리 살펴볼 수 없으며, 다른 선택을 했을 경우 어떻게 될지도 알 수 없다. 결정을 내리고 그 결과를 얻을 기회는 단 한 번뿐이다. 이것은 엄청난 압박이다! 하지만 기억하자. '옳은' 선택은 이론적인 개념일 뿐이라는 사실을. 최선의 길을 정확하게 평가하려면 모든 평행 우주를 헤아릴 수 있어야 한다. 즉 무한한 모든 선택을 계산하고 그중 가장 좋은 선택을 할 수 있어야 한다. 하지만 이 일은 불가능하다. 우리는 하나의 우주에 속해 있기에 우리 삶이 펼쳐질 한 가지 길만 볼 수 있다. 무엇이 어떻게 전개될지 전혀 알지 못한 채 합리적인 선택을 해야만 한다. 모든 선택은 항상 어떻게 전개될지 모르는 채로 이루어질 수밖에 없다.

재확신 추구: 무의미한 '다 잘될 거야'

재확신 추구는 일반적으로 다른 사람에게 재확인을 받으려는 것과 같이 실재적인 유형의 걱정하기라고 할 수 있다. 이때 하는 질문은 정보를 얻기 위한 일반 질문과 다르다. 순수하게 정보를 추구할 때는 모호함을 참을 수 있으며, 불완전하거나 만족스럽지 못한 대답도 허용한다. 그리고 다른 사람이 충분히 답할 수 있는 질문을 한다. 반면 재확신을 추구할 때는 확실함을 원한다. 애매함에 직면하면 계속해서 밀어붙인다. 마치 삶의 혼란을 깔끔히 포장된 리본 달린 상자 속에 욱여넣으려는 것처럼 말이다. 그런 식의 확언이 실제로는 불가능한 것을 알면서도 당신은 '다 괜찮을 거야'라는 약속을 받고 싶어 한다.

우리는 때때로 정신적으로도 이런 과정을 행한다. 스스로 괜찮을 거라고 말하고 안도감을 얻기 위한 진술이나 안심되는 생각을 반복적으로 상기하는 것이다. 항상 확신을 가질 수 없다는 힘든 진실을 인정하는 대신 모든 것이 잘되리라고 자신을 설득하려 노력한다.

⦙⦙⦙⦙ 걱정에도 나름의 목표가 있다 ⦙⦙⦙⦙

걱정하기의 다양한 유형을 파악하는 목적은 자신의 걱정이 어떤 모양인지 알아낼 모델을 만들기 위한 것이다. 이 모델의 가장 중요한 점은 걱정이 어떻게 생겼는지가 아니라 어떤 목적을 위한 걱정인지를 알아내는 것이다. 당신이 걱정을 해서 이루려는 목적은 무엇인가?

우리가 의심을 하는 데는 어떤 유용한 이유가 있다고 믿는다. 얼마나 문제가 되든, 비효율적이든 간에 모든 행동이 결국 유용하게 작용한다고 가정하는 것이다. 그러므로 언뜻 보기에 분명히 알 순 없지만 무슨 행동이든 어떤 목적을 수행하는 것이 틀림없다고 생각한다. 말하자면 문제를 일으키는 아이는 그 행위로 필요한 관심을 받고, 중독에 빠진 사람은 어떤 감정적 고통에서 벗어나 일시적인 안정을 얻고 있을 것이다. 물론 이런 행동들이 이상적이지 않을 수 있다. 하지만 사람들이 그런 행동을 하려는 어떤 이유가 분명 작용하고 있는 것이 분명하다. 가장 난해해 보이는 행동은 사람들이 종종 장기적인 이익보다 단기적인 이익을 우선시하는 경우다. 장기적으로 봤을 때 언젠가 대가를 치러야 한다는 것을 알면서도 당장의 불편을 해소하기를 선택한다.

걱정하기의 기능, 즉 걱정해서 얻는 것이 무엇인가는 이 수수께끼의 중요한 부분이다. 이런 이유에서 나는 사람들이 어떤 특정 진단을 받았는지 혹은 자신의 걱정을 어떻게 분류할지에 많은 관심을 기울이지 않는다. 진단은 어떤 치료법이 가장 도움이 될지 결정하기 위해 겉으로 보이는 증상들을 확인하고, 무슨 일이 일어나고 있는지에 대한 근사치를 내는 방법일 뿐이다. 그 자체로는 문제 될 것이 없지만 우리가 파악해야 할 것을 정확하게 말해주지 않는다. 반면에 행동의 기능을 살펴보는 것은 문제의 핵심에 직접 다가가게 한다. 즉 '이 행동이 무슨 목적을 수행하는 것이며 더 이상 걱정하지 않는 방법을 배우기 위해 무엇을 알아야 할 필요가 있는가?'라고 질문해야 한다.

걱정은 복잡하다. 미묘한 방식으로 우리 삶에 얽혀 들어와 다양한 목적을 충족시키고 또 다양한 목표를 달성한다. 한편 모든 사람은 저마다 독특하다. 그러므로 당신의 걱정이 특별히 어떤 역할을 하는지 알아내기 위해 고유한 기능적 분석을 수행해야 한다. 이때 분석을 두 가지 요소로 좁히는 것이 너무 단순해 보일지도 모르겠다. 그러나 걱정하기의 목적은 흔히 두 가지로 분류된다. 바로 확실성을 얻는 것과 고통을 줄이는 것, 이두 가지다.

먼저 '확실성을 얻기 위한 걱정하기'를 살펴보자. 의심의 티끌을 지울 수 있다는 것. 즉 올바른 선택을 했다고 확실히 알 수 있는 것은 매우 매력적인 일이다. 스스로 무책임하지 않았다는 것, 이보다 더 좋은 결과가 있을 수 없다는 것, 스스로 안전하다는 것 등 당신은 완성되지 않은 선택과 후회가 쌓이지 않은 삶을 살고 싶어 한다. 무언가가 불완전하다는 생각은 우리를 갉아먹는다. 그래서 좀 더 철저하고 꼼꼼하며 포괄적인 것을 원한다. 그렇지 않다는 것은 해야 할 일이 아직 많이 남았다는 것을 의미하기 때문이다. 우리는 의심의 그림자에 빛을 비추고 삶을 관통하는 최고의 길을 밝히고 싶어 한다.

걱정은 종종 불완전함을 인식하는 것이다. 불확실성으로 어질러진 세상에서 늘 주위를 맴돌던 의심 중 하나가 의식의 표면으로 떠오른다. 의심을 인식하는 순간 당신은 그 미스터리를 풀기로 선택할 것이다. 삶을 괴롭히는, 해결할 수 없는 질문들에 끝내 해답을 찾을 수 있으리라는 희망을 안고서 걱정하기에 빠지게 될 것이다. 불확실성과 불확실성에 대한 허용 정도는 걱정하기의 여러 측면을 관통하는 공통 주제다. 깔끔하고 만족스러운 해결책을 찾기 위한 노력이 당신을 종종 걱정하게 만든다. 이런 행동은 충분히 이해할 만하다. 그러나 삶에서 중요한 것들을 추구하려는 의지와 무언가를 더 잘하려는 지칠 줄 모르는 헌신에서 비롯된 걱정하기는 결국 그 길을 벗어나게 만든다. 그 선한 의도에도 불구하고 당신이 행동하기보다 생각에 빠져버리기 때문이다.

다음의 질문을 스스로 해보자.

• 내가 원하는 사람이 되는 데 확신이 필요한가?
• 내가 스스로 좋은 사람인지 안다면 혹은 확신하지 못한다면 그 사실이 내가 되고 싶은 사람이나 세상에 드러내는 모습을 바꿀 것인

가? 사실을 몰라도 나는 여전히 원하는 사람이 되기 위해 노력할 것인가?

• 확신을 중요시하기로 스스로 결정했는가? 아니면 의식적으로 생각하지 않아도 확신을 최우선시하는가?

'고통을 줄이기 위한 걱정하기'는 무엇일까? 사실 걱정하기는 일종의 감정 조절이다. 불편함에서 비롯되기 때문이다. 무슨 일이 일어날지에 대한 두려움에서 촉발된 원초적인 걱정은 불안으로 드러난다. 혹은 대가를 치르더라도 반추해야 할 도덕적 또는 윤리적 책임이 있다고 믿는 죄책감일 수 있다. 또는 해내지 못했다는 불완전함, 무언가 옳지 않다는 고통 혹은 완전히 끝낼 때까지 안정감을 느낄 수 없는 감정이기도 하다. 불안, 죄책감, 불완전함, 이외 다른 어떤 것이든 이러한 불편한 감정적 경험들이 걱정을 고조시킨다.

불편한 감정에 부딪힐 때 느끼는 괴로움은 그 감정을 사라지게 해줄 안도감 같은 해결책을 찾도록 만든다. 그래서 어떤 사람들은 불편한 감정을 억누르기 위해 약물이나 술을 찾는다. 또 다른 사람들은 운동을 시작하거나 도박이나 성관계에 빠진다. 불편한 감정을 일으키는 모든 요인을 피하려고 노력하는 사람들도 있다. 여기서 걱정하기는 다른 전략들과 마찬가지로 고통을 줄이기 위한 메커니즘으로 작용한다. 이는 경험적 회피의 한 형태로, 마음의 불안정한 가장자리를 다듬고 주변 환경에 대한 통제력을 느끼기 위한 도구로 사용된다. 걱정하기는 일시적으로 안정을 줄 수는 있지만 불행히도 장기적으로는 대가가 따른다.

여기서 고려해야 할 두 가지 질문이 있다.

- 감정을 회피하는 삶을 산다면 어떤 일이 벌어질까? 반응만 할 뿐 행동은 절대 하지 않는 삶은 어떨까? 그런 삶은 당신이 원하는 사람이 되고자 하는 노력에 도움이 될까, 아니면 해가 될까?
- 생각이나 감정을 회피할 때 당신은 스스로 무엇을 가르치는가? 당신의 회복탄력성을 위해 무엇을 배우는가? 또는 어려운 일을 해내는 능력을 위해 무엇을 배우는가?

불안 사용설명서

걱정하기가 도움이 되지 않는 일이라면 우리는 왜 여전히 걱정하는 것일까? 이어서 무엇이 우리를 걱정하게 하고 불안하게 만드는지 알아볼 것이다. 불안을 속속들이 알기 위해서는 우선 불안을 지속시키는 것이 무엇인지 이해해야 한다. 불안을 해부하고 적절한 반응을 구축하기 위해 사용설명서가 필요하다. 불안은 다소 복잡해 보이고, 항상 타당하지 않으며 그 속임수에는 어떤 이치나 이유도 없는 것처럼 느껴질 수 있다. 하지만 그런 불안 시스템을 이해하고 더 효율적으로 활용하는 법을 배우는 데 도움이 되는 몇 가지 기본 원칙이 존재한다.

불안과 함께 살아가는 법

걱정과 근심이라는 새들이 우리 머리 위를 날아다니는 것은
어떻게 할 수 있는 일이 아니다.
하지만 그 새들이 머리에 둥지를 짓는 일은 막을 수 있다.

- 중국 속담

불안 때문에 고민인가? 사실 불안은 당신이 해결해야 할 문제가 아니다. 물론 때때로 문제처럼 느낀다는 것을 알지만 불안 자체가 본질적인 문제는 아니다. 불안은 그저 내적 경험일 뿐이며 생각과 감정이 점점 커지는 것에 불과하다. 불안은 우리가 더 강화하고 지속하는 방식으로 대응할 때 비로소 문제가 된다. 따라서 불안을 없애는 것보다 불안을 문제로 만드는 원인이 무엇이며 그것을 어떻게 바꿀 수 있는지 알아보겠다. 먼저 이 질문에 답해보자.

뇌가 나에게 위험이 없다는 사실을 인식하지 못할 때 무슨 일이 일어나는 것일까? 뇌는 왜 이 오류를 고치지 않을까?

ⅢⅢⅢ 불안은 켜고 끄는 스위치가 아니다 ⅢⅢⅢ

이 책을 읽기 시작한 지 얼마 되지 않았지만 살짝 불편한 시도를 한번 해보고자 한다. 이는 불안과의 관계를 다시 정의하기 위한 무대를 마련하는 데 필요한 과정이다. 이 과정만 지나면 더 이상 불안을 손대면 안 되는 것이나 금기처럼 취급하지 않게 될 것이다. 불안은 〈바닥이 용암이다The Floor is Lava〉게임 속 바닥처럼 도망쳐야 할 용암 같은 것이 아니다. 그런 두려움으로 대할 필요가 없다. 우리는 불안을 되찾아서 그 위를 걸어 다닐 수 있어야 한다.

한 가지 실험을 해보겠다. 조용한 곳에서 눈을 감고 앉아서 1분 동안 스스로 불안해지게 만들자. 그리고 투쟁-도피 반응Fight-or-flight response이 작동하는지 확인하자. 말하자면 눈을 감고 앉아 있는 것만으로도 심박수가 오르고 호흡이 가빠지는지 살핀다. 한번 시도해보자. 딱 1분이면 된다. 혼자서도 할 수 있다.

시도해봤다면 훌륭하다. 불안해지기 위해 어떻게 했는가? 삶이 주는 스트레스에 집중했는가? 경험했던 무서운 일을 떠올렸는가? 아니면 창피스러운 순간을 상상하거나 의도적으로 호흡을 불규칙하게 조절했는가? 어쩌면 불안이 통제하기 어려운 것이라는 걸 알고 자신을 불안하게 만든다는 생각으로도 불안해졌을 수 있다. 또는 불안이 위험하게 여겨져 그런 시도 자체가 무모하다고 느꼈을 수도 있다.

다른 실험을 하나 더 해보자. 이번에는 좀 더 쉽다. 다시 앉아서 눈을 감되 다리를 들어 올리는 것이다. 다리를 들 수 없다면 다른 신체 부위로 비슷하게 움직여보자. 자, 한번 해보자! 이번에는 어땠는가? 별거 아니지 않는가? 빠른 신경 반사로 뇌에 다리를 움직이라고 명령하니 다리가 움직였을 것이다. 꽤 간단한 실험이다. 신체적인 문제가 없다면 아마 아주 수월한 경험이었으리라.

두 실험의 차이를 알겠는가? 우리에게는 몸을 직접 통제할 능력은 있어도 불안을 통제하는 능력은 없다. 불안을 느껴보라고 했을 때 단순히 뇌 속의 불안 스위치를 찾아 누를 수 있는 일이 아니라는 뜻이다. 대신 생각과 감각, 기억과 같은 여러 말초적인 경험을 통해 불안에 접근한다. 불안은 켜고 끌 수 없다. 다른 과정의 부산물일 뿐이다.

그러므로 우리는 불안을 직접 다룰 수 없다. 다시 말해 불안에는 스위치가 없다. 하지만 불안에 영향을 미치는 과정을 알게 되면 실제로 영향을 미칠 수 있는 요소에 주의를 기울여 다룰 수 있다. 지금부터 불안과 걱정을 지속시키는 과정에 대해 배우고 더 효과적으로 대응하는 방법을 알아본다.

⫿⫿⫿⫿⫿ 지나치게 빨리 달리는 뇌 ⫿⫿⫿⫿⫿

사실 불안은 굉장히 유용한 감정이다. 잠재적인 위협을 경고하고, 필요한 경우 대응하도록 준비시키는 등 우리의 안전을 지켜준다. 하지만 다른 위험 감지 시스템과 마찬가지로, 위험의 초기 징후를 감지할 수 있을 때가 가장 효과적이다. 만일 화재경보기가 이미 집이 다 타버린 상태에서 울린다면 그다지 유용하지 않을 것이다. 그래서 잠재적인 위협에 대비하여, 지나칠 정도로 조심스럽게 위험의 작은 징후라도 감지하여 화재로부터 도망치거나 재앙을 예방하는 데 도움이 되도록 설계되었다. 그러나 가스레인지 위에서 무언가를 태운 적이 있다면 아마도 경보기 시스템이 100퍼센트 정확하지 않음을 알 것이다. 가끔 화재경보기는 화재와 비슷한 상황이나 실제로는 위험하지 않은 상황을 문제로 감지할 때가 있다. 양초나 탄 음식, 냄새, 심지어 먼지 같은 것은 위험 요소와 비슷한 특징이 있으나 해로운 수준이라고 볼 수는 없다. 만약 화재경보기가 지나치게 민감하게 설정되었다면 잘못된 결과가 많이 일어날 수도 있다.

우리 뇌의 위협 감지 기능도 이와 같은 원리로 작동한다. 위험에 대한 정보를 학습하고 그와 비슷한 것을 발견하면 하나의 가정을 만든다. 뇌의 위협 감지 기능은 우리의 안전을 위해 지나칠 정도로 조심하면서 움직이는 편을 선호한다. 이런 기능을 맡은 뇌 영역은 인류가 기근이나 포식자와 같은 더 즉각적인 위협에 직면했던 시대부터 발달해온 유물 같은 것이다.

당신이 원시인이고, 어느 날 친구가 흑곰에게 잡아먹히는 장면을 봤다고 상상해보자. 당신은 사람을 먹는 곰이 위험하다고 결론지을 것이다. 당연히 그래야 한다! 그리고 당신이 똑똑한 원시인이라면 잡아먹히는 운명을 피하고자 동굴로 도망갈 것이다. 하지만 더 똑똑한 원시인이라면 거기서 멈추지 않고 몇 가지 가정을 하기 시작할 것이다. 즉 친구를 잡아먹은 흑곰만 위험하게 여기지 않고 모든 흑곰은 위험하다고 가정하거나 더 나아가 세상에 다른 모든 곰도 위험하다고 가정할 것이다. 흑곰, 회색곰, 북극곰, 판다, 코알라 등 전부 위험하니 다시 동굴로 향한다. 이것이 바로 일반화다. 이렇게 일반화하지 않으면 어떻게 될까? 친구가 잡아먹힌 것을 보고도 다른 곰을 만났을 때 "음, 이 곰은 아마 착한 곰일 거야."라고 생각한다면 당신은 오래 살 수 없을 것이다. 만일 조상이 이런 사고방식을 가졌다면 인류는 이미 수천 년 전에 자연적으로 도태되었으리라.

우리 뇌는 일반화하는 능력이 있다. 이 능력이 없으면 우리는 같은 것을 반복해서 학습해야만 한다. 살면서 마주하는 모든 상황은 독자적이므로, 그와 유사한 과거 경험을 통해 빠르게 현재 상황에 대한 가정을 해낼 수 있어야 한다.

그러나 지나친 일반화가 일어나면 어떻게 될까? 예를 들어 검은 양을 봤다고 하자. 원시인인 당신의 뇌가 '털이 있고, 검은 색이고, 다리가 네 개이고, 주둥이가 있고…. 빨리 동굴로 돌아 가야 해!'라고 말한다면 어떨까? 이 잘못된 해석에 반응하여 도 망친다면 뇌는 '휴, 아슬아슬했어요! 달리길 잘했어요. 그렇지 않았다면 그 곰 같은 것에게 잡아먹혔을 거예요'라고 말할 것이 다. 결국 당신은 양이 위험할 거라는 것을 알고, 미리 대비했기 때문에 안전하다고 생각하며 간신히 위험에서 벗어났다는 결 론에 이른다.

우리 뇌는 위험을 빨리 감지하기 위해, 다시 말해 자신의 본 분을 다하기 위해 '추측'을 해야만 한다. 뇌는 주어진 단서들을 연결하고 상관관계를 찾아낼 뿐 위험에 대한 가설을 확인하거 나 반박하는 일은 우리 몫으로 남겨둔다. 이때 우리가 하는 행 동이 뇌가 주변의 잠재적 위협을 어떻게 해석할지를 결정한다. 결국 뇌가 일반화를 지나치게 하면 우리의 위협 감지 시스템의 적응성은 제 기능을 잃게 된다.

ǀǀǀǀǀǀǀ '가짜' 위험에 속지 마세요 ǀǀǀǀǀǀǀ

타일러 비겐Tyler Vigen은 저서 《허위 상관관계Surious Correlations》에

서 몇 가지 불안정한 정보를 분석한다. 예를 들어 미국을 기준으로 1999~2009년까지 수영장에서 익사한 사람 수가 영화배우 니컬러스 케이지가 출연한 영화의 수와 상관관계가 있다는 것을 알고 있는가? 또 메인주의 이혼율이 1인당 마가린 소비량과 상관관계가 있다는 것을 아는가? 이 사실은 케이지를 익사 사건의 연루자로 여기고 그를 기소해야 한다는 것을 의미할까? 혹은 혼인율을 지키기 위해 메인주의 마가린 소비를 금지해야 할까? 당연히 그렇지 않다. 상관관계는 인과관계가 아니다. 단서들을 서로 연결할 수 있다고 해서 그 자체로 의미 있는 것은 아니다. 우리의 이성적인 뇌는 논리와 추론을 활용해 이러한 차이를 분명하게 판단해내지만 안타깝게도 그 기능을 하는 뇌 영역은 감정적 반응을 통제하지는 못한다.

우리에게는 다소 성가신 능력이 있다. 바로 이성적으로 이치에 맞지 않은 걸 알면서도 불안을 느끼는 것이다. 우리 뇌에는 수십억 개의 시냅스와 신경 회로가 있어서 불안을 유발하는 것들에 직면했을 때 서로 미처 합의하지 못할 수 있다. 우리의 '고귀한' 전두엽 피질은 이러한 '사소한' 문제에 관여할 겨를이 없다. 대신 편도체나 다른 낮은 등급의 뇌 영역들이 그 역할을 맡는다. 만일 편도체가 전두엽 피질처럼 처리했다면 케이지는 지금쯤 감옥에 있을 것이다. 편도체가 위험과 같은 것을 감지할 때마다 감정의 알람을 울리는 것은 다행인 일이다. 이때 전두엽 피질은 큰 도움이 되지 않는다. 우리는 뇌가 주변의 많은 위협을 이해하도록 도울 다른 방법들을 찾아야만 한다.

결국 뇌의 위협 감지 시스템을 조정하고 싶다면 긴 게임을 해야만 한다. 일단 뇌에 정보를 공급해야 하는데 아무 정보가 아니라 뇌가 가장 잘 반응하는 경험이어야 한다. 그리고 뇌가 새로운 정보를 학습할 수 있도록 경험적 기회를 만들어야 한다. 덧붙여 우리가 불안을 대하는 방식이 어떻게 두려움을 감소시키거나 강화하는지 혹은 어떻게 불안에서 벗어나게 하거나 더 빠져들게 하는지를 이해해야 한다.

SNS에서 우연히 신발 광고를 봤다고 상상해보자. 그 광고를 클릭하면 무엇을 얻게 될까? 더 많은 신발 광고가 쏟아질 것이다! 심지어 광고 게시물 위에 마우스를 잠시 멈춘 것만으로도 더 많은 신발 광고를 받게 될 수 있다. 알고리즘이 우리의 행동을 추적하면서 무엇에 반응하고 주의를 기울이고 참여하는지 등 모든 상호작용을 파악해서 학습하기 때문이다. 뇌도 마찬가지다. 떠오르는 불안이나 걱정에 반응하면 그런 반응을 불러일으키는 요소들을 더 많이 제공하여 우리의 주의를 끌려고 한다. 이 순간 뇌의 알고리즘은 우리를 위해 작동하지 않는다. 우리가 중요하게 생각하거나 관심 있는 요소들을 반영하지 않고, 그저 우리의 주의를 끌기에 가장 적합한 요소들을 반영하기 시작한다. 이런 상황을 바꾸고 싶다면 뇌의 알고리즘을 우리에게 유리

한 방향으로 사용할 방법을 찾아야 한다. 알고리즘은 도움이 될 수도 있고 해를 끼칠 수도 있다. 이를 어떻게 활용할 것인가는 우리에게 달려 있다. 신발 광고를 만났을 때 무시하고 바로 건너뛰듯 자신이 더 원하는 것에 관심을 기울이고, 방해되는 것은 무시하는 방법을 찾아야 한다.

이렇듯 뇌의 위협 감지 시스템을 다시 조절하기 위해서도 제공할 정보를 의도적으로 선별하는 일이 필요하다. 당신은 실제 위험한 것에만 반응하는가? 아니면 잘못된 경보에 주의를 기울이고 있는가? 우리가 해야 할 일은 위험 지표의 정확성을 강화하는 것이다. 가짜 경보들은 무시하며 지나치고, 경보가 울릴 때 즉시 반응하지 않고 관찰하는 법을 배워야 한다. 이를 위해서는 일시적인 불안과 걱정을 영구적인 문제로 만드는 내적 경험과 행동 주기를 더 자세하고 정확하게 알면 도움이 된다.

‖‖‖‖‖ 끊임없이 공급되는 불안의 땔감 ‖‖‖‖‖

불안과 관련된 문제의 근간에는 생각, 감정, 행동이라는 세 가지 기본 구성 요소가 있다. 이 요소들이 불안과 걱정을 유발하는 강화 주기를 만들어 낸다. 이 피드백 루프feedback loop는 불안 주기, 강박증 주기, 불안 순환, 불안의 악순환 등 다양한 이름으로 불린다. 어떻게 일컫든 중요한 사실은 이 주기가 '자체적으로 지속하는 주기'self-perpetuating cycle라는 점이다. 쉽게 말해 불에 비유할 수 있다. 불은 연소하기 위해 산소와 연료, 열이 필요하다. 그중 하나라도 제공되지 않으면 불은 꺼진다. 불안도 비슷한 방식으로 작용한다. 강화 행동을 제거하면 주기는 저절로 끝나게 될 것이다. 하지만 불안의 땔감이 되는 요소들을 계속 공급하는 한 불안은 계속 연소한다.

불안과 걱정을 유발하는 강화 주기는 다음과 같이 작동한다.

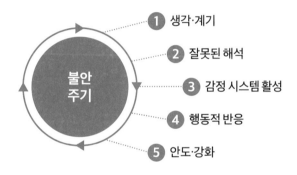

1단계: 생각한다

우리 뇌는 생각하는 능력이 정말 뛰어나서 엄청나게 많은 생각을 생성한다. 때로는 외부 자극을 감지해 그에 상응하는 생각을 만들어내고, 때로는 아무런 자극 없이 자체적으로 생각을 내놓는다. 이런 생각들은 보통 우리 주변에 일어나고 있는 일이나 미래에 일어날 일에 대한 관찰일 때가 많다. 예를 들어 '나는 시험에서 떨어질 거야', '저 사람이 나에게 웃지 않았어'와 같은 생각들이다. 이는 뇌가 가능한 한 많은 원시 데이터를 수집하여 당신이 주변의 모든 것을 계속해서 인식하게끔 만들려고 하기 때문이다. 여기에는 통증, 감각, 충동 등 생리학적 지표에 대한 인식도 있고, 예기치 않게 문득 떠올라 인식하는 상상의 시나리오도 있다. 우리 뇌는 끊임없이 엄청난 양의 콘텐츠를 생성한다. 하지만 안타깝게도 그중 상당 부분은 쓰레기, 곧 스팸일 뿐이다. 그렇더라도 우리는 모든 생각을 샅샅이 훑는다.

2단계: 생각을 잘못 해석한다

이제 뇌는 원시 데이터를 해석해야 한다. 넘쳐나는 수많은 인식 속에서 의미를 발견해야 하지만 항상 맞게 찾는 것은 아니다. 때로는 의미 부여에서 초점을 잘못 둔 탓에 도움 되지 않는 방향으로 나아갈 수 있다. 이를 인지 왜곡 cognitive distortion 이라고 한다. 우리는 종종 경험을 이해하기 위해 공식이나 규칙을 적용한다. 불행히도 이러한 규칙 중 일부는 편견과 잘못된 해석, 즉 왜곡으로 가득 차 있다. 다음은 일반적인 인지 왜곡의 예시들이다. 이분법적 사고나 극단적으로 생각하는 경향, 최악의 결과를 과장하거나 두려워하는 것, 과장된 추측이 실제로 일어날 거라고 가정하는 것, 지나친 일반화로 하나의 사례가 모든 사례를 대표한다고 여기는 것 등이 있다.

첫 생각: '실패할지도 모른다'

• **이분법적 사고**: 제대로 할 수 없다면 아예 하지 말아야 한다.

• **과장된 사고**: 만약 시험에 실패하면 나는 앞으로 결코 성공하지 못할 것이다.

• **지나친 일반화**: 나는 모든 일에 실패한다.

첫 생각: '그 사람이 나에게 웃어 주지 않았다'

• **이분법적 사고**: 사람들을 웃게 할 수 없다면 나는 누구에게도 말을 걸지 않아야 한다.

• **과장된 사고**: 그 사람은 나를 싫어한다.

• **지나친 일반화**: 모든 사람이 나를 싫어한다.

첫 생각: '가스레인지가 켜져 있을지도 모른다'

• **이분법적 사고**: 100퍼센트 확신하지 못하면 나는 부주의하고 무책임한 사람이다.

• **과장된 사고**: 확신할 수 없다면 집은 다 타버릴 것이다.

• **지나친 일반화**: 절대로 나 자신을 믿으면 안 된다.

첫 생각: '가슴이 답답하게 느껴진다'

• **이분법적 사고**: 모든 것이 완벽하지 않다면 무언가 잘못된 것이다.

• **과장된 사고**: 가슴이 답답하게 느껴진다면 내가 심장마비에 걸렸

다는 뜻이다.

- **지나친 일반화**: 다시는 정상적인 기분을 느끼지 못할 것이다.

　이러한 잘못된 해석들은 우리 머릿속에 떠오른 무작위적인 생각들이 새로운 의미를 갖기 시작한다는 것을 의미한다. 그리고 우리 뇌에서 잠재적으로 관련 있거나 의미 있는 것 혹은 더 나쁘거나 위험한 것으로 표시된다. 당신이 가장 자주 경험하는 인지 왜곡은 어떤 것인가? 그중 몇 가지를 적어보자. 그러면 생각에 대한 잘못된 해석이 어떻게 불안 주기를 강화하는지 깨달을 수 있을 것이다.

3단계: 감정 시스템을 활성화한다

　첫 생각을 잘못 해석하면 뇌는 그 생각들을 잠재적으로 위험하다고 표시하며 감정 시스템을 활성화한다. 그러면 우리는 불편함을 느끼기 시작한다. 몸이 잠재적 위험을 경고 받고 대비하기 때문이다.

　이 단계에는 두 가지 중요한 사항이 있다. 첫 번째는 이미 익숙할 것이다. 몸이 잠재적 위험에 생리적으로 대비하기 시작하는 것으로 흔히 호흡 곤란이나 가슴 답답함, 심박수 증가, 땀, 위장 장애 등을 경험한다. 이밖에 신체적으로 매우 불편하게 느껴지는 것이 모두 여기에 해당한다.

불안 주기의 핵심은 사실 두 번째 사항에 있다. 감정 시스템이 활성화된다는 것은 이제 새로운 정보를 받아들일 준비가 됐음을 말한다. 이 시스템이 활성화되면 주변에 위험이 존재할 수 있고 뇌가 그 가정을 확인하거나 반박하기 위해 확인하기 시작했다는 사실을 기억하자. 뇌는 당신을 면밀하게 관찰하면서 어떻게 반응하는지 주의 깊게 살피고 감정 시스템을 계속 활성화해야 할지 아니면 정지해야 할지 결정할 것이다.

4단계: 반응한다

이 단계에서 우리는 불편함을 느끼고 있는 상태다. 짐작하건대 당신은 불편함을 좋아하지 않을 것이다. 그 느낌을 없앨 방법을 찾고 싶을 것이다. 안정을 원하는 것은 아주 당연하다. 이를 누가 비난할 수 있겠는가?

하지만 3단계에서 살펴본 내용을 기억하자. 일단 뇌가 감정 시스템을 활성화하고 높은 경계 태세에 돌입하면 이 시스템은 잠재적 위험이 있는 어떤 지표라도 찾으려고 한다. 만일 당신이 그 순간 불편한 느낌을 사라지게 하거나 즉시 문제 해결 모드로 전환한다면 우리 뇌는 문제가 있었다는 사실을 확인받게 된다! 그래서 뇌는 감정 시스템을 활성화한 것이 옳았다고 학습한다. 어쨌거나 위험이 없었다면 왜 행동에 나섰겠는가? 그리고 다음번에 비슷한 상황을 맞닥뜨리면 뇌는 다시 한번 그 일이 위험하다고 가정한다.

많은 사람이 어떻게든 심한 파국 없이 삶을 헤쳐 나간다면 불안에서 자유로운 삶을 살게 될 거라고 착각한다. 어려움을 순조롭게 넘어가고 모든 일을 잘 해결할 방법만 찾을 수 있다면 뇌는 마침내 안정을 찾고 경계를 풀 것이다. 하지만 중요한 것은 최종 결과만이 아니라 도달하기까지의 과정이다. 예를 들어 당신이 문고리를 만지면서 '이런, 병에 걸릴 것 같아!'라는 생각이 들었다고 가정해보자. 그러고 나서 손을 씻는다면(그리고 아마도 병에 걸리지 않을 것이다) 이때 뇌가 학습한 것은 손을 씻었기 때문에 안전하다는 정보뿐이다. 만약 손을 씻지 않았다면 어떻게 될까? 뇌는 틀림없이 병에 감염될 거라고 가정할 것이다. 모든 일이 잘 풀리면 뇌도 그러려니 할 것이다. 하지만 어떤 조건이 생기면 우리는 무엇도 확실히 알 도리가 없다. 오염됐다고 생각하는 문고리를 만지고 난 후 손을 씻어서 병에 걸리지 않았는지, 아니면 아무 작용도 하지 않았는지 알 수 없는 것처럼 말이다. 뇌는 이러한 조건이 결과와 유의미한 관련이 있다고 가정한다. 애초에 위험이 존재하지 않아서 안전한 것이 아니라 위험을 예방하려고 취한 행동 때문에 안전하다고 가정하는 것이다.

안타깝게도 이는 뇌가 우리에게 던지는 매우 불공평한 시험이다. 기본적으로 뇌는 "위험이 있는 것처럼 반응한다면 나는 위험이 존재한다고 가정하겠어. 반대로 모든 것이 괜찮다는 것처럼 반응한다면 나 역시 괜찮다고 가정할 거야."라고 말한다. 다만 문제는 우리가 무언가 위험하다고 느끼는 동안 이 시험을 통과해야 한다는 것이다. 감정 시스템은 이 시험을 치를 때 정확히 동시에 활성화되기 때문이다! 위험을 생리적 측면에서 느끼고 있다면 당연히 그 느낌을 없애고 싶을 것이다. 점점 커지는 불안은 당신이 불필요한 반응까지 하도록 만든다.

5단계: 단기적 안도감과 강화를 얻는다

불안은 짜증나고 불편한 대상이다. 우리는 이 느낌이 사라지기를 원한다. 그래서 더 나은 판단을 뒤로하고 단기적인 안도감을 얻기 위해 무언가를 포기하고 어떤 행동을 취한다. 마음 한편으로 모든 것이 괜찮으리라 생각하면서도(이성적 두뇌가 그렇게 말하고 있다) 안전을 확보하기 위해 지나칠 정도로 조심하면서 불안을 덜어줄 무언가를 찾는다. 위험을 완화하기 위해 찾아낸 확실한 외부 행동일 수도 있고, 모든 것이 괜찮을 것이라는 확신을 얻으려는 노력 같은 정신적 과정일 수도 있다. 어느 것을 선택하든 뇌는 고통이 일시적으로 유예되는 보상을 얻는다.

불편함을 제거하는 것을 부적 강화negative reinforcement라고 부른다. 강화물은 어떤 행동에 대해 동기를 부여하거나 억제하는 것, 즉 어떤 행동이 다시 일어날 가능성을 높이거나 줄이는 것을 말한다. 우리가 활용할 수 있는 행동 강화는 네 가지 유형이 있다. 행동을 더 많이 유발하는 부적 강화와 정적 강화positive reinforcement, 행동을 억제하는 처벌punishment과 소거extinction다. 부적 강화는 불안 주기에 힘을 실어준다. 강박 행동을 하거나 걱정하는 것은 일시적으로 안도감을 주지만 동시에 해당 행위를 강화한다. 정적 강화는 어떤 행동이 긍정적 보상을 가져오는 것을 말한다. 처벌은 어떤 행동이 불리한 결과를 가져올 때 그 행동을 덜 하게 만드는 것을 말하며, 소거는 긍정적 보상을 제거하는 것을 말한다.

예를 들어 살펴보자. 자녀를 데리고 식료품점에 가서 계산대를 지나는데 아이가 사탕을 사달라고 조른다. 당신이 거절하자 아이가 칭얼거리기 시작하고 결국 사탕을 사 주고 말았다. 이는 아이의 칭얼거리는 행동에 정적 강화를 한 경우다. 아이가 칭얼거리는 행동으로 보상을 받았기 때문이다. 동시에 당신의 행동에는 부적 강화를 하게 되는데 식료품점에서 칭얼거리는 아이를 보는 불편함이 일시적으로 사라졌기 때문이다. 행동들이 의도한 대로 영향을 미쳤으므로 당신과 아이 모두 앞으로 같은 행동을 취하는 데 의존할 가능성이 높다.

만약 어느 시점에서 아이에게 충치가 많이 생겼다거나 무엇이든 얻기 위해 버릇처럼 투정을 부리는 아이가 됐다면 당신은 행동을 바꾸려고 할 것이다. 이번에는 계산대를 통과할 때 아이가 투정을 부려도 단호하게 안 된다고 한다. 그러면 아이의 행동은 소거 상태에 놓인다. 행동이 더 이상 긍정적인 보상으로 이어지지 않기 때문이다. 의도한 효과가 나타나지 않았으므로 아이가 그런 행동을 다시 시도할 가능성이 낮아진다. 혹은 아이에게 제재를 가할 수도 있다. 이는 처벌의 경우가 될 것이다.

불안에 관련된 경우, 단기적인 안도감은 높은 대가를 치르게 된다. 단기적인 안도감을 얻을 수 있는 방식으로 행동할 때마다 그 연관성을 강화하게 되기 때문이다. 즉 뇌가 위험에 관한 해석을 강화하도록 만들고, 고통과 불확실성을 견딜 수 있는 능력을 약화한다. 이런 점에서 불안 관련 행동은 거의 중독과 같다. 실제로 즉각적인 안도감을 얻을 수는 있겠지만 시간이 지날수록 그 행위를 점점 더 많이 취하게 되고, 삶의 기복을 조절할 무언가가 필요하지 않음을 깨닫지 못하게 될 것이다. 다른 모든 고통스러운 감정적 경험이 그렇듯, 불안은 조금 불편하기는 하지만 위험하지 않고 영구적이지도 않다. 조금만 기다리면 계산대에서 울던 아이가 눈물을 그치듯 결국 안정되고 잦아들 것이다.

|||||| 벗어날 수 없다면 현명하게 공존하라 ||||||

누구나 자신의 고통을 없애고 싶어 한다. 수천 년의 진화를 거쳐 뇌는 감정 시스템을 작동하도록 프로그래밍되었고, 인류는 그 경고에 주의를 기울인 결과 생존했다. 하지만 진화는 느리게 진행된다. 현재 우리의 뇌는 수천 년 전에 살았던 인간에게 최적화되어 있다. 이제 더 이상 포식자나 기근 같은 위험에 지속적으로 노출되어 있지 않은데도 말이다. 아마도 앞으로 10만 년쯤 지나서야 인간은 오늘날의 현대 세계를 살아가는 데 맞는 뇌를 갖게 될 것이다. 불행히도 지금 우리의 뇌가 약간 구식이듯 미래의 인류에게도 그들의 뇌는 그다지 도움 되지 않을 것이다. 이것이 인생이다. 우리는 불완전하고 더디게 진행되는 진화의 시간을 받아들여야 한다.

그러니 마음의 여유를 갖자. 당신의 대응 방식은 나쁘지 않다. 이해한다. 하지만 불안을 없애려고 하지 말고, 불안 주기를 지속하지 않으면서 공존하는 법을 배운다면 당신은 진화의 시간을 수천 년은 단축할 수 있다. 물론 쉬운 일은 아니다. 이는 반직관적인 시도이며 약간의 연습이 필요하지만 분명 가능한 일이다.

이어서 불안과 걱정의 통제 가능성을 이야기하고 이미 뿌리 내린 습관을 어떻게 해체할 것인지에 대한 계획을 제시하겠다.

걱정이 습관이 되지 않으려면

완벽함을 두려워하지 마라. 결코 그에 도달할 수 없을 테니.

- 살바도르 달리

상담 온 사람들은 자주 이런 말을 한다. 자신의 불안은 바꿀 수 없고, 자기 마음이 다른 방식으로는 작동할 수 없을 거라고. 상황은 그대로일 것이며 변화하려는 어떤 노력도 무용지물일 거라고. 원래 불안한 사람으로 태어났으니 앞으로도 계속 이럴 거라고 말이다.

나는 이런 생각을 별로 좋아하지 않는다. 만약 변화를 위한 노력이 의미 없다고 생각한다면 나는 좋은 치료사가 될 수 없을 것이다. 물론 그렇게 생각하는 사람들이 이 세상에 존재하는 다

Chapter 1 | 걱정은 알면 알수록 작아진다

른 방식들을 전혀 알지 못하는 것일 수도 있다. 그렇다면 그 생각을 비난할 수 없다. 아는 것이 걱정뿐이라면 달리 할 수 있는 바가 없을 것이다. 하지만 그런 생각들은 세상과 교류하는 새로운 방법을 배우거나 성장할 기회를 가로막는다. 걱정하는 습관은 불가피한 것이 아니다. 이 장에서는 걱정과 불안을 대할 때 당신이 마주할 수 있는 한계를 이야기하면서 걱정하는 습관을 바꿀 잠재력도 함께 자세히 알아본다.

"그러니 내가 불안하지 않고 배겨?"

내가 만난 상담자들이 불안함은 불가피한 것이라고 말할 때 흔히 언급하는 이유를 몇 가지 살펴보겠다. 그 이유는 모두 맞는 말이지만 불완전하다. 몇 가지 중요한 맥락을 놓치고 있기 때문이다. 지금부터 당신은 펜과 노트가 필요할 것이다(이 책의 여백에 끄적여도 된다). 다음의 각 이유에 대한 구체적인 이야기와 함께 걱정에 대해 당신이 직접 생각해봐야 할 실천 과제들을 만날 것이기 때문이다.

이유 1. 나는 유전적으로 불안하기 쉽다

당신이 만약 '나는 유전적으로 쉽게 불안을 느낀다'라고 한다면 맞는 말일 수 있다. 당신의 특정 유전적 배경을 알지는 못하지만 유전자가 불안에 영향을 미친다는 증거가 실제로 있다. 분명 더 강력한 감정 시스템을 갖고 태어나는 사람이 있다. 이는 감정을 더 강렬하게 경험한다는 것을 의미한다. 즉 감정을 더 깊이 느낀다거나 감정이 시속 60킬로미터 속도로 순식간에 변한 후 제자리를 찾기까지 꽤 오랜 시간이 걸릴 수 있다는 말이다. 당신이 행동 강화 메커니즘에 유독 취약하다는 사실도 나타낸다. 다시 말해 일반적으로 사람들은 가끔 바람직하지 않은 행동을 해도 그 행동을 습관화하지 않는 반면 당신은 거의 즉시 그 행동을 습관화하는 덫에 걸려 실수를 만회할 여유가 거의 없다는 뜻이다. 또한 머릿속 가상의 시나리오를 실제처럼 느끼며 상상에 몰입하기 쉬운 사람이라는 의미다. 아니면 심장 박동의 미묘한 변화를 감지하고 주의를 기울이면서 뇌의 감정(특히 두려움) 시스템을 바로 활성화하는 등 불안의 생리적인 측면에 민감하게 반응한다는 뜻일 수도 있다. 궁극적으로 당신의 불안이 어떤 양상이든 대체로 어느 정도 유전적 기반에서 비롯된다.

그러므로 선천적 요소와 후천적 요소의 논쟁에서 선천적 요소가 확실히 중요하다고 말하는 것도 무리는 아니다. 하지만 후천적 요소 역시 중요하다. 당신이 경험한 일들, 즉 인생에서 일어난 사건, 양육 방식, 살면서 흡수해 온 메시지와 신념 등 모든 것이 불안과의 관계를 결정하는 데 일조한다. 평소 당신의 행동이나 현재 불안에 대응하기 위해 선택하는 방식도 마찬가지다.

그러니 모든 것을 유전적으로 결정된 운명이라고 단순화하는 것은 불공평하고 불완전하다.

또한 불안장애가 영구적인 것이 아니라는 점에 주목해야 한다. 불안장애를 일으키는 메커니즘은 선천적인 성향일 수 있지만 그 성향을 관리하는 법을 배우면 된다. 치료를 받은 많은 사람이 불안장애의 진단 기준을 더 이상 충족하지 않을 정도로 호전된다. 그들의 DNA는 변하지 않았다. 유전자도 여전히 그대로다. 하지만 그들은 문제의 통제 가능한 영역에 에너지를 집중하는 법을 터득했다. 새로운 경험을 하고 관점을 바꿔서 불안에 더 효과적으로 대응하고 연결되는 기술들을 개발할 수 있다. 유전적 요소는 변하지 않겠지만, 중요한 것은 유전자가 퍼즐의 한 조각일 뿐이며 꼭 바꾸지 않고도 좋은 결과를 얻을 수 있다는 사실을 기억하는 것이다. 통제할 수 없는 부분에 중점을 두는 것은 그다지 도움이 되지 않는다.

불안장애라는 단어에서 '장애'는 어떤 증상들이 우리의 기능을 방해한다는 뜻이다. 불안이 길을 가로막아도 우리는 불안을 피할 수 없다. 우리는 모두 불안을 느끼며, 느껴야 할 필요가 있다. 하지만 불안이 반드시 방해 요소일 이유는 없다. 고통을 대하는 방식을 다르게 하는 법을 배워서 삶에 미치는 영향을 최소화할 수 있다. 불안이라는 존재가 장애와 동의어일 필요는 없다.

오늘의 실천

당신은 어떤 유전적 성향이 있는가? 선천적으로 운동을 잘하는가, 못하는가? 내성적인가, 외향적인가? 강점을 발휘하기 위해 혹은 어려움을 겪는 지점에 맞추기 위해 어떻게 삶을 바꾸거나 조정해왔는가? 선천적으로 가지고 있지 않은 기술들을 어떻게 관리하거나 향상해내는지 간단히 써보자.

이유 2. 나는 불안장애가 있다고요!

'나는 불안장애가 있어요'라고 꼬리표를 붙이는 일은 유용할 수 있다. 자신의 경험을 더 잘 이해하는 데 도움이 되고, 혼자만 그런 것이 아니라는 점에서 덜 외롭게 만들며, 비슷한 경험을 가진 다른 사람들과 연결될 수 있게 한다. 심지어 어떤 유형의 치료가 가장 도움이 될 수 있는지 살펴볼 때도 도움이 된다.

하지만 단점도 있다. 분류된 꼬리표를 정체성의 중심에 두는 순간, 당신은 그 꼬리표에 맞춰 서사를 만들어 가기 시작한다. 꼬리표가 바로 나 자신이 되고, 항상 꼬리표대로 살게 될 것이다. 그렇게 불안은 어떤 경험의 한순간을 포착한 스냅숏이 아닌 성격적 특성이 된다. 지금 당장은 불안을 효과적으로 다스리기 위해 고군분투 중이지만 앞으로도 영원히 그래야 한다는 걸 의미하지 않는데도 말이다.

동기부여를 연구하는 심리학자 캐럴 드웩Carol Dweck은 저서

《마인드셋》에서 '성장형 마인드셋growth mindset'과 '고정형 마인드셋fixed mindset'의 차이를 설명했다. 고정형 마인드셋을 가진 사람들은 자신의 지능, 기술, 능력이 안정적이고 변하지 않는 성격적 특성이라고 믿는다. 지금의 자기 모습이 곧 자기 자신이다. 그래서 고정형 마인드셋을 가졌다면 실패가 곧 자기 자신과 타고난 능력을 나타내는 것이라고 여긴다. 따라서 도전을 하거나 위험을 감수할 가능성이 더 낮다. 반면 성장형 마인드셋을 가진 사람들은 자신에게 변화할 수 있는 능력이 있으며 노력을 통해 기술을 구축하고 향상할 수 있다고 생각한다. 성장형 마인드셋을 가졌다면 학습의 기회가 되는 도전에 임하는 경향이 훨씬 더 높다. 실패나 실수가 자신에 대한 판단이 아니라 단지 성장의 기회를 의미한다는 사실을 알기 때문이다.

흥미롭게도 이러한 개념들은 당신의 타고난 출발점과는 아무런 관련이 없다(실제로 어떤 결점이 존재하든 생물학적 출발점이 어디인가는 중요하지 않다). 이는 그저 당신이 어떤 방식으로 접근했을 때 발전을 이루는지, 아닌지를 알아보는 관찰이다. 만약 당신이 "나는 수학을 못해."라고 말하며 이를 반박할 수 없는 영구적인 상태라고 믿는다면 아마도 수학 시험공부에 많은 시간을 할애하지 않을 것이다. 어찌 됐든 수학 시험을 잘 치르지 못할 것이 기정사실이기 때문이다. 대신 "지금은 수학이 어렵지만 앞으로 더 공부하고 시간을 투자하면 나아질 거야."라고 말한다면 노력할 이유가 생기고 개선될 가능성이 더 높아진다. 이렇듯 스스로 변화할 능력이 없다고 믿으면 달라지기 위해 큰 공을 들이지 않는다. 이는 우리의 타고난 출발점과는 별개인 사실이다. 실제로 수학을 못하는지, 아닌지는 중요하지 않다. 중요한 것은 현재 자신의 수준에 상관없이 능력은 노력을 통해 향상할 수 있다는 사실이다.

불안이 일을 더 어렵게 만드는가? 당연히 그럴 것이다! 하지만 당신에게는 불안을 조절하는 데 필요한 기술을 더 잘 습득할 수 있는 능력이 있다. 당신은 불안을 가진 사람 중에서 불안을 조절하는 기술을 가진 사람이 되거나 그렇지 않은 사람이 될 수 있다. 어떤 사람이 되느냐는 당신에게 달려 있다.

성장형 마인드셋을 실천하는 방법은 결국 연습뿐이다. 단순히 그런 마인드셋을 추구하겠다고 결심한 순간에 마법처럼 갖게 되지 않는다. 스스로 고정형 마인드셋에 갇히는 순간들을 적극적으로 인식하고, 관점을 전환하기 위해 자신을 자극해야 한다. 일종의 마음챙김mindfulness처럼 생각할 수 있다. 당신은 마음챙김을 하겠다고 결심만 하지 않는다. 시간이 흐르다 보면 어느 순간 마음챙김을 항상 하고 있다. 이는 능동적이고 매 순간의 인식을 요하는 끊임없이 지속해야 하는 노력이다. 그러나 실천하려는 노력을 계속하다 보면 점점 더 쉬워질 것이며, 시간이 지날수록 진정한 보상을 경험하게 될 것이다.

오늘의 실천

고정형 마인드셋에 해당하는 생각을 몇 가지 적어보자. 그런 생각들은 어디에나 있지만 당신이 이전에 스스로 수백 번 반복한 말 중에 찾아서 확인해보자. 자신이 어떤 부분에 얽매여 있거나 절망하고 있는가? 이제 그런 생각들에 성장형 마인드셋의 렌즈를 적용할 수 있는지 살펴보자. 어떤 기술을 습득하거나 연습하는 것이 성장에 필요한가?

이유 3. 나는 영원히 걱정에서 자유롭지 못할 것이다

이 말은 어쩌면 사실일 수도 있다. 어떤 스트레스 요인이나 걱정을 불러일으키는 것이 하나 없는 삶을 살 가능성은 거의 없다. 아마도 저마다 걱정이나 불안을 느끼게 하는 일들이 종종 생길 것이다. 이는 어떤 면에서 좋은 일인지 모른다. 걱정이 없다는 것은 잃을 것이 아무것도 없다는 말과 같다. 삶의 의미와 목적, 소중한 사람들, 미래에 대한 투자 등 나는 당신에게 잃을 것이 아주 많기를 바란다. 모든 것이 사라질 수 있다는 사실을 인식하지 않고서는 중요한 것들을 가질 수 없다. 살아 있다는 것은 모든 것을 잃을 수 있다는 것을 인식하는 일이다.

이 책의 목적이 걱정이 없는 사람을 만드는 것이 아니라는 사실을 기억하자. 그런 이분법적 사고는 불가능한 목표를 설정하고 실패하게 만들기 때문에 전혀 도움 되지 않는다. 완전한 행복이 없다고 해서 언젠가 꽤 좋을 수도 있는 무언가가 방해를 받는 일은 없어야 한다. 인생은 하나의 극단이나 반대편 다른 극단이 아닌 그 중간 어딘가에 존재한다.

고통에 대한 인식으로 불편해지는 순간이나 완벽한 결과에 대한 기대가 불완전한 현실에 산산조각 나버리는 순간이 있을 수 있다. 그러나 목표를 향한 한 걸음을 내딛기 위해 성공에 대한 특별한 확신은 필요하지 않다. 예를 들어 나는 결코 마이클 조던처럼 농구를 할 수 없다는 사실을 알고 있다. 막연하게 무엇이든 가능하다고 생각할 순 있지만 그다지 탄탄하지 않은 몸에 키 173센티미터의 중년 남성인 나는 그럴 가능성이 점점 줄어든다는 생각을 은연중에 품고 있다. 하지만 그렇다고 해서 내가 농구 실력을 절대 향상할 수 없다는 의미는 아니다. 가능성의 정점을 기준으로 삼고 나 자신을 측정할 필요는 없다. 대신 현재의 내 위치를 중심으로 어떻게 발전할 수 있는지에 집중한다. 농구 연습이 내가 NBA에 진출할 수 있도록 만들어줄까? 그렇지는 않을 것이다. 하지만 현재 상황을 개선하면서 더 성취감 있고 만족스러운 느낌을 갖게 할까? 당연히 그렇다!

오늘의 실천

걱정이 없다는 것은 걱정을 방해물로 여기는 이분법적이고 완벽주의적 접근법이다. 삶의 모든 영역에 두루 적용할 수 있는 하나의 접근법을 찾는 것은 어려운 일이다. 성격적 특성, 선호하는 일 처리 방식은 어떤 영역에서는 도움이 될 수 있고, 다른 영역에서는 도움이 덜 된다. 예를 들어 충동성의 경우, 무모하거나 무분별한 소비로 이어지면 파괴적이지만 모험심을 갖는다거나 삶에 자발성을 불어넣으려고 할 때는 유용하다. 이 점을 염두에 두고 지금까지 당신이 이용해 온 완벽주의적 접근법을 생각해보자. 그러한 접근법이 당신에게 어떻게 작용하는가? 도움이 되는 영역이 있었는가? 방해되는 영역은 어디였는가? 걱정의 측면에서는 어떻게 작용하는가?

이유 4. 내 걱정은 반사적이다

걱정하는 정신적 과정은 때때로 의도적일 수 있다. 스스로 걱정하는 중인 것을 정확히 알면서 계속 그렇게 있기로 선택하는 것이다. 하지만 걱정하기는 반사적으로 일어나기도 한다. 걱정하기 시작한 것을 완전히 인식하지 못한 채 이미 몇 시간을 걱정에 잠겨 보내고 나서야 그런 자신을 발견하게 된다. 이런 경우, 걱정이 습관 혹은 기본 상태 값이 되어버린 것으로, 멈추려는 노력을 하지 않으면 반복되는 결과를 얻는다.

나는 매일 바지를 입을 때 왼쪽 다리부터 넣는다. 이런 행동을 의식하거나 일부러 하는 것은 아니다. 오랫동안 그렇게 입어왔으며 그 행동에 정신적 에너지를 거의 쓰지 않는다. 나의 뇌는 그보다 더 중요한 일을 하고 있기에 간단한 작업에 대해서는 자동 조종autopilot 모드가 된다. 그래서 왼쪽 다리를 먼저 넣는다라는, 항상 같은 단계를 반복한다. 이는 절대로 오른쪽 다리를 먼저 넣을 수 없다는 것을 의미할까? 그렇지 않다! 약간의 노력이 필요하기는 하다. 대신 훨씬 더 의식적으로 행동해야 할 것이다. 옷장에 포스트잇을 붙이거나 기억을 일깨우기 위해 바지의 왼쪽 다리에 오래된 티셔츠 몇 장을 넣어두어야 할지도 모른다. 그래도 가능한 일이다. 일관성만 충분히 유지한다면 오른쪽 다리부터 바지를 입는 새로운 기본 설정에 도달할 것이라고 확신한다.

걱정하기도 마찬가지다. 우리는 걱정을 오랫동안 해왔고 지금은 당연시하는 일이 되었다. 하지만 우리는 유연하다. 새로운 것을 배우고, 새로운 습관을 만들 수 있다. 시간과 노력, 반복이 필요하겠지만 스스로 무엇을 하고 있는지 더 의식적으로 주의를 기울이고 새로운 대응 방법을 익히는 훈련을 하면 된다. 당신에게는 변화할 수 있는 능력이 있다. 현재 어떤 행동을 반사적으로 하고 있다고 해서 의식적인 변화를 만들 수 없는 것은 아니다. 반사적이라는 말은 불가피한 것과 같지 않다.

오늘의 실천

습관은 우선 인식하지 않으면 바꿀 수 없다. '걱정 일지'를 작성해보자. 간단하게 종이 한 장을 써도 되고, 이 책이 소개된 웹사이트(newharbinger.com/52144)를 방문하여 연습 일지worksheets를 다운로드할 수 있다. 침팬지를 관찰하는 제인 구달 박사처럼 연구자가 되어 자신의 걱정하기 모양을 관찰해보자. 걱정하기를 할 때마다 스스로 관찰하고 기록을 남기자. 각 걱정 사례에 대해 다음의 세부 사항을 기록한다.

- 특별한 계기가 있었는가?
- 무엇이 그 생각이나 계기를 강화했는가?
- 걱정하느라 얼마나 오랜 시간을 썼는가?
- 어떻게/왜 멈추었는가?
- 걱정하기 전과 중간 그리고 후에 어떤 감정을 느꼈는가?
- 어느 장소(차 안, 소파 등)에 있었는가?
- 어떤 상황이었는가? 혼자였는가, 누군가와 함께였는가?
  피곤했는가? 배고팠는가? 심심했는가?

걱정 일지는 계속 쓸 필요 없이 대표적인 사례가 수집됐다고 생각될 때까지 지속한다. 일지는 타당하게 느껴져야 하며 당신이 하는 걱정이 전형적으로 어떤 모습인지를 정확하게 묘사해야 한다. 일지 작성을 모두 마쳤다면 어떤 경향이 발견되는지 살펴보자. 눈에 띄는 패턴이 있는가? 앞으로 여러 실천 과제를 시도하는 동안 이 일지를 계속 참고해야 할 것이다. 모든 걱정을 한 번에 뿌리 뽑기는 어렵다. 특정 상황 하나를 일반화하기에 앞서, 이 책이 제시하는 여러 접근법을 시도하는 것이 도움 될 것이다. 예를 들어 뒤에서 걱정과 융합되는 습관을 깨는 방법으로 '탈융합 연습defusion exercises'을 소개할 텐데 샤워하는 동안만 걱정하기에서 벗어나는 것이다. 이렇게 개입하기 위해서는 의식적으로 상당한 노력이 필요한데 하루 종일 그 상태를 유지하기란 정말 어려운 일이다. 당신의 걱정 일지는 이러한 개입이 가장 유용한 상황을 파악해 필요한 노력을 줄이도록 도와줄 것이다.

이유 5. 나는 멈출 수가 없다

'생각/행동을 멈출 수 없다'라는 말도 어느 정도는 사실이다. 하지만 당신은 멈출 수 있다. 멈출 수 있지만 '그냥' 멈출 수 없는 것이라고 해야 맞는 말이다. 종종 행동 통제에 어려움을 겪는 사람들을 보면서 '왜 그냥 멈추지 않는 걸까?' 하고 생각해본 적이 있을 것이다. 약물 남용이나 도박 중독에 허덕이는 사람들을 볼 때 혹은 '그냥 한 순가락만 먹기만 하면 될 텐데' 하는 생각이 들게 하는 심각한 섭식장애를 겪는 사람들을 볼 때 그렇다. 흔히 주변에는 머리카락을 뽑거나 손톱을 물어뜯는 습관으로 힘들어하는 사람들도 있다. 우리는 그들이 왜 '그냥' 멈추지 못하는 것인지 이유를 모르겠다고 생각한다. 그 행동들은 아주 단순해 보인다. 그래서 간절한 마음으로 의지력만 충분하다면 스스로 원하는 삶을 실현할 수 있다고 믿고 싶은 유혹이 들 것이다. 하지만 진실은 의지력이 과대평가되었다는 점이다.

종종 무언가를 멈출 수 없다고 느끼는 것은 실제로 멈추기가 어렵고 복잡하며 빠르고 폭발적인 영감 이상의 것이 필요하다는 의미다.《왜 나는 항상 결심만 할까》를 쓴 건강심리학자 켈리 맥고니걸 Kelly McGonigal은 '의지력 will-power'과 '거부력 won't-power'을 구분하라고 조언한다. 의지력이란 어려운 일이나 감정을 극복하는 능력으로, 어려운 일을 해내겠다는 결단력을 말한다. 거부력은 주로 저항에 관련된 것으로, 욕구를 억누르고 충동을 자제하는 것이다. 걱정을 억제하거나 모든 것을 알아내려는 욕망을 포기하는 것은 거부력을 사용하는 것일 가능성이 높다.

한편 의지력은 유한한 자원이며 항상 유동적이다. 있다가도 없고 없다가도 있다. 한 연구는 자기통제 self-control를 위한 초기 행동이 이후 자기 조절 행동을 손상한다는 결과를 보여준다. 다시 말해 일을 완수하기 위해 의지력에만 의존하면 에너지를 고갈될 수 있다. 때로는 강인한 저항력과 인내가 모두 필요할 수 있지만 그러한 것들에 지나치게 의존하는 것은 좋지 않으며 다른 동기부여 요인들이 보완된다면 가장 효과적일 것이다.

오늘의 실천

걱정할 때마다 결국 당신은 걱정하기를 멈췄다. 잠시 잊는다거나 잠을 잔다거나 이외 다른 방법으로 주의를 돌렸다. 어떤 방법이었던 당신은 모든 걱정 에피소드를 끝낼 수 있었다. 의지력 외에 걱정을 멈추는 데 도움이 되는 다른 도구는 무엇이 있을까? 더 열심히 노력하는 문제가 아니라면 더 현명하게 시도하는 방법은 무엇일까? 어떤 기술을 습득해야 할까? 알아야 할 개념은 무엇일까?

⁞⁞⁞⁞⁞⁞ 무엇이든 좋다. '어딘가'에서 시작하라 ⁞⁞⁞⁞⁞⁞

걱정하는 습관을 고치고 싶다면 단지 원하는 마음만으로는 충분하지 않다는 것을 인정해야 한다. 걱정하는 습관을 바꾸려는 소망은 실제 현실로 옮길 수 있는 '행동'이 수반되어야 한다. 이를 위해 당신은 여러 각도에서 접근해야 한다. 신체 관련 반복 행동(머리카락 뽑기, 손톱 뜯기 등)을 치료하면서 첫 평가 때 내가 내담자들에게 가장 많이 들은 말 중 하나는 이것이다. "손을 쉼 없이 놀리기 위해 피젯토이fidget toy도 사용해봤는데 소용없었어요." 그러면 나는 보통 적당한 공감을 해주지만 속으로는 '당연하죠! 그렇게 간단한 문제가 아니라고요!'라고 생각한다. 도구를 사용하여 손을 붙잡아 두는 것에는 문제가 없으나 그건 단지 하나의 개입일 뿐이며 행동의 한 측면만 대상으로 한다. 이 습관를 고치고 싶다면 모든 다양한 측면을 대상으로 하는 맞춤형 개입으로 조정할 필요가 있다.

기억을 떠올리게 할 것(거울, 휴대폰, 손톱깎기를 보관하는 서랍 등)이 필요하며, 책임감(목표 설정하기, 다른 사람들 곁에 있기, 사람들에게 자신을 어떻게 도와줘야 하는지 알려주기 등)도 필요하고, 허용할 때 하는 생각('정말 이번 딱 한 번만?' '정말 한 번만 하고 멈출 거지?')에 적응반응adaptive responses을 구축해야 할 것이다. 또한 자신이 가장 취약한 상황(저녁, 차 안, 아침 일과 등)을 파악하고 그런 상황을 주도하는 느낌과 감각(지루함, 피로, 불안, 불균형, 불완전함

등)을 식별해야 한다. 이 목록들은 포괄적이지는 않지만 여기서 아이디어를 얻을 수는 있을 것이다. 즉 단순히 증상을 멈추려고만 하지 않고, 증상을 주도하는 메커니즘을 직접적으로 목표로 해야 한다.

코로나19 팬데믹 기간 동안 역학자들은 '스위스 치즈Swiss Cheese'(스위스 치즈는 단단하고 구멍이 많다. '허점이 많은', '설득력이 떨어지는' 등의 의미로도 쓰인다 - 옮긴이) 모델이라는 개념을 대중화했다. 이는 어느 개입도 완벽하지 않고 어떤 단일 예방책이든 구멍이 일부 있지만 여러 층으로 충분히 쌓이면 결국 충분한 예방책이 된다는 의미다. 즉 마스크, 백신, 사회적 거리 두기, 위생, 공기 정화, 실내가 아닌 야외에서 시간 보내기와 같은 것들이 모두 결합하면 좋은 예방책이 된다는 것이다. 걱정하기 습관에 접근하는 방식도 마찬가지다. 어떠한 개입도 하나만으로는 충분할 수 없지만 일련의 기술을 개발하고 걱정을 주도하는 메커니즘을 목표로 삼는다면 더 강력한 효과를 얻을 수 있다. 걱정하기는 단순한 습관이나 그저 '만약에'라는 물음 속에서 길을 잃은 것이 아니다. 그보다 훨씬 복잡한 행동이며 따라서 그만큼 복잡한 대응이 필요하다.

벅차게 느껴질 수 있다는 것을 안다. '오랜 습관들은 어떻게 모두 뒤집으라는 거지?' 하지만 기억하자. 완벽할 필요는 없다. 아주 고귀한 이유 때문일 필요도 없고, 모든 것이 한꺼번에 이루어질 필요도 없다. 그저 작고 점진적인 변화를 만들어내고 유지해 나간다면 변화는 시간의 흐름에 따라 쌓일 것이다. 비행기가 진로를 바꾸는 모습을 떠올리자. 방향을 아주 살짝만 바꾼 후 그대로 유지한 채 충분히 멀리 나아간다면 완전히 다른 장소에 도달한다. 이처럼 작은 변화들이 누적되면 결국에는 커진다. 변화를 위해 당신은 어딘가에서 '시작'해야만 한다.

㎜ 불안으로부터 한 걸음 벗어나기 ㎜

나는 보통 책상 위에 할 일 목록을 붙여 놓는다. 이는 생각을 정리하고 우선순위를 정하는 데 도움이 된다. 그래서 매주 시작될 때마다 새로운 목록을 만든다. 이 할 일 목록에는 한 가지 확고한 규칙이 있다. 한 주가 끝나기 전에 작업을 완료하지 못하면 그 작업은 더 이상 동일한 방식으로 목록에 올라갈 수 없으며 작업을 더 세분화할 방법을 찾아야만 한다는 것이다. 나는 대개 해당 작업의 구성 요소들을 파악하고, 그중 무엇으로 시작하는 것이 가장 관리하기 좋을지 결정하는 방식으로 접근한다. 그렇게 하면 복잡하고 어려운 것을 단순하고 다루기 쉬운 것으로 바꿀 수 있다.

결국 아무것도 하지 않는 것은 제자리에 갇히는 방법일 뿐이며 어떤 행동이든 하고 있다면 앞으로 나아가게 될 것이다. 그리고 자기 자신에게 불완전함을 허락할 때 얼마나 많은 일을 할 수 있는지 놀라게 될 것이다.

다음 챕터에서는 걱정과 당신의 관계를 바꾸는 데 초점을 맞출 것이다. 우리는 그동안 다양한 방식으로 걱정을 삶에 녹여왔다. 문제를 해결하기 위해 혹은 자신의 가치에 충실한 상태임을 확인하기 위해 걱정하기를 해왔을 테지만 예상대로 작동하지 않았을 것이다. 우리는 때때로 상상 속의 재앙에 몰두하거나 생각의 무서운 부분에 사로잡히는 방식으로 자신의 마음을 경험하곤 한다. 그리고 이런 방법들은 의도치 않게 걱정하는 습관을 강화했다. 다음 챕터의 목표는 당신이 자신의 마음과 그 과정을 들여다보고 내적 경험과 새로운 관계를 형성하는 것이다.

Chapter 2

걱정과 현명하게
관계 맺는 법

걱정을 대할 때
'이것'에 집중하세요

무엇을 믿어야 할지, 무엇을 두려워해야 할지 말할 필요 없다.
믿음의 옷자락은 아주 넓다는 것, 두려움의 베일도 결국 한 올로
모두 풀린다는 것을 보여주면 된다.

– 토니 모리슨 *Toni Morrison*, 노벨문학상 수상 연설 중에서

같은 걱정이나 집착으로 오랫동안 몹시 괴로워하다 보면 생각
의 내용에 집중하기 쉽다. 세균이나 재무, 안전 등 걱정이 무엇
이든 결국 나 자신에게 문제가 있는 것처럼 느끼기도 쉽다. 하
지만 걱정의 주제는 사실 내 문제가 아니다. 내용은 그저 미끼
로써 우리를 유인하여 무심코 불안 주기를 활성화하는 함정이
다. 문제를 해결하려고 애쓰다 보면 결국 헛된 행위에 빠져 있
다는 사실을 깨닫지 못하게 된다. 이는 마치 정신적인 두더지
잡기 게임이다. 알고 보니 우리는 평생 걱정을 공급받는 처지에

놓인 것이다! 하나를 해결하려면 또 하나가 튀어나온다. 영원히 해결책을 쫓아다니지만 깔끔하게 정돈된 걱정 없는 삶에는 단 한 발짝도 다가가지 못할 것이다.

내적 경험과 좀 더 적응 관계를 맺고 싶다면 무섭게 들리는 생각의 '내용'에서 벗어나 생각의 '본질'에 집중해야 한다. 유용하지 않은 사고 패턴을 인식하게 되면 그 내용은 무의미해지기 시작할 것이다.

|||||||| 중요한 것은 내용이 아니라 관계다 ||||||||

앞서 걱정과 불안에 영향을 미치는 많은 다양한 요소가 있다는 사실을 배웠다. 생각의 내용이 그중 하나일 필요는 없다. 스탠리 래크먼Stanley Rachman과 패드멀 드 실바Padmal de Silva가 1978년에 발표한 고전적인 연구는 강박장애를 가진 사람들이 경험하는 강박적인 사고는 강박장애가 없는 사람들과 비교했을 때 빈도나 기간, 강도 그리고 결과 측면에서 차이가 있다고 밝혔다. 그러나 유일하게 크게 다르지 않은 한 가지가 있었다. 바로 생각의 내용이었다! 모든 사람은 강박장애 유무와 관계없이 무섭고 엉망인 것들에 대한 거슬리는 생각을 한다. 또 2001년 에이드리언 웰스Adrian Wells와 카린 카터Karin Carter가 수행한 또 다른 연구는 불안장애가 있는 사람들의 걱정이 실제로 불안장애가 없는 사람들과 크게 다르지 않음을 발견했다. 차이점은 불안장애가 있는 사람들이 걱정에 대해 더 부정적인 생각과 믿음을 가지고 있다는 사실이었다. 말하자면 그들은 걱정을 걱정한다! 특정 생각이나 걱정이 문제가 아니라는 증거는 이제 명확하다. 실제로 중요한 것은 당신이 걱정과 어떤 관계를 맺을지에 달렸다.

⁞⁞⁞⁞⁞ 불안 사고를 재구성하는 2가지 방법 ⁞⁞⁞⁞⁞

전통적 인지 치료에서는 기본적으로 사고 과정에서 발생하는 인지적 왜곡을 확인하는 것에 중점을 둔다. 일단 사고 과정에서 오류를 확인하면 생각을 보다 더 균형 잡힌 방식으로 새롭게 '재구성'할 수 있다. 예를 들어 '나는 제대로 하는 것이 아무것도 없다'라는 생각은 '장점 경시 discounting the positive'라는 인지 왜곡이 일어난 경우다. 이러한 생각은 '비록 실수가 있었지만 나는 실수 없이 일을 마친 경우가 훨씬 더 많다'라는 생각으로 다시 구성할 수 있다. 생각의 재구성은 더 객관적인 평가를 가능하게 한다.

이 전략은 도움이 되기는 하지만 몇 가지 단점도 있다.

• 이 전략은 불안 주기와 뒤얽힐 수 있다. 생각의 재구성으로 안정감을 주거나 불안을 줄이면 의도치 않게 불안을 지속시키는 결과를

낳을 수 있다. 말하자면 불확실성을 견디는 법을 배우는 대신 해답이 필요하다고 배울 수 있다. 또 고통을 견딜 수 있다는 것을 배우는 대신 고통에서 벗어나기 위한 전략이 필요하다고 배울 수도 있다.

- 이 전략은 때때로 더 현실적인 걱정에 직면했을 때 실패할 수 있다. 만일 바로 얼마 전 심장마비를 겪었고 곧 있을 혈관우회로술을 걱정할 때 "죽을 수도 있지만 아직 죽지는 않았어."라는 생각의 재구성은 별로 효과가 없을 것이다. 혹은 최근 파산을 선언하고 갚아야 할 청구서들을 걱정할 때 "돈이 없을지는 몰라도 최소한 이전만큼의 빚은 없다."라는 식의 생각은 재정적 부담을 실질적으로 완화하는 데 큰 도움이 되지 않는다.

- 이 전략은 걱정이 논리와 객관성을 회복하면 해소되리라는 가정을 내포한다. 걱정과 불안에 허덕이는 많은 사람이 자신의 걱정이 비현실적이거나 말이 안 된다는 것을 충분히 인식하고 있다. 그러나 아무리 희박한 가능성이더라도 그 단순한 가능성만으로도 걱정을 계속할 충분한 이유가 되는 때가 많다.

- 이 전략은 생각의 내용에 주목해야 한다! 과정이 아닌 생각의 내용이 문제라는 관점으로 걱정에 접근하는 전략이다.

생각의 내용에 초점을 둔 인지적 접근과 달리 메타인지적 접근은 우리 자신과 생각과의 관계를 살펴본다. 이 접근법은 내용을 완전히 무시하는 대신 불안에 대한 우리의 생각과 믿음을 관찰하며 자신을 방해하는 것이 무엇인지 확인한다.

ⅢⅢⅢ 감정과 씨름하지 말고 흘러가게 두자 ⅢⅢⅢ

모든 사람은 고통스러운 감정을 느낀다. 우리의 삶에는 항상 기복이 있고 기쁨과 고통의 순간이 공존할 것이다. 불편한 감정 (분노, 슬픔, 불안, 수치심 등)은 모든 인간이 경험하는 것이다. 누구나 감정의 기본 바탕을 즐거운 기쁨으로 가득 찬 감정과 즐거운 생각만으로 이루어진 것으로 이상적으로 만들고 싶은 유혹을 느낀다. 고통과 슬픔이 없는 삶, 얼마나 좋을까? 거슬리거나 원치 않는 생각이 없는 삶은 또 어떨까? 매력적인 상상이지만 유감스럽게도 당신은 다시 현실로 돌아와 더 현실적인 이상을 깨달아야 한다. 삶에는 고통이 있기 마련이다. 다만 그 고통은 꼭 겪어야 하는 것이 아니다.

원치 않는 감정과 싸우고 저항할수록 오히려 상황은 더 악화한다. 예를 들어 슬프지만 슬퍼하고 싶지 않다고 가정해보자. 그런 바람은 합리적으로 들린다. 하지만 이내 슬픔을 잠재울 수 없는 자신의 무능함에 화가 나기 시작한다.

자, 이제 '슬픔+분노'를 느낀다.

이번에는 방금 자신이 한 행동, 즉 설상가상으로 상황을 더 어렵게 만들었을 뿐임을 알아차렸다고 해보자. 그래서 이제는

'애초에 슬픔을 좀 더 잘 받아들였으면 좋았을걸'이라고 생각하면서 자신의 반응에 대한 약간의 죄책감을 느끼게 되었다.

자, '슬픔+분노+죄책감'을 느낀다.

그러고 나서 자신의 반응이 얼마나 도움이 되지 않았는지 깨닫고, 자기 자신에게 더 관대하지 못했다는 것에 좌절감을 느낀다.

자, 이제 '슬픔+분노+죄책감+좌절감'을 느낀다.

저런, 저런! 이제 이해했을 것이다. 감정적 반응은 이렇게 눈덩이처럼 불어나 점점 더 커지고 감당하기 힘들어진다는 사실을. 우리는 대체로 한두 가지의 감정은 다룰 수 있다. 문제가 되는 건 이러한 감정들이 쌓여서 복잡해지기 시작할 때다. 삶에서 생기는 어쩔 수 없는 고통이 고난과 비참함이 될 때까지 점점 커지고 또 커지게 된다.

가장 이상적인 시나리오는 원치 않는 생각과 감정들이 현재 순간에 녹아들면 그런 감정들과 씨름하기보다는 그대로 두는 것이다. 우리는 어떤 일이 일어나든 그 경험에 마음을 열고, 생각과 감정의 흐름을 민첩하게 탐색하여 어떤 감정이든 오고 가게 두어야 한다. 이렇게 하면 감정에 저항하거나 통제하고 또 밀어내려고 하면서 상황을 악화시키지 않을 수 있다.

우리는 의도적으로 감정이 자연스럽게 해결될 수 있는 길을 열어주는 방식으로 대응해야 한다. 그렇게 하면 고통 없는 이상적인 존재가 될 수 있을까? 이런 생각은 이제 놓아주자. 당신이 추구해야 하는 이상은 자신의 생각과 감정을 인식하고, 상황을 악화시키지 않는 방식으로 대응하려고 노력하는 것이다. 비를 통제하려 하지 말고, 좋은 우산에 투자하자. 우리의 목표는 불편한 감정들을 사라지게 만드는 게 아니라 그 감정들을 인식해서 어떤 대응이 유용할지 결정하는 것이다.

이때 메타인지적 인식, 즉 자신의 경험을 한발 물러서서 거리를 두고 관찰하는 능력이 필요하다. 이는 단순히 생각을 갖는 것이 아니라 스스로 생각을 하고 있다는 사실을 알아차리는 능력이다. 어떻게 나아가야 할지에 대한 실행 결정을 내리기 위해서는 이 추가적인 인식의 수준이 필요하다. 그렇지 않으면 우리는 생각에 좌우될 뿐 아니라 자신의 마음이 어디로 향하든 그 길로 끌려갈 수밖에 없다. 대신 메타인지적 인식을 사용하면 더 의도적이고 전략적으로 불안에 대응할 수 있다. 한발 물러서서 그 과정이 전개되는 것을 볼 수 있다면 어떤 접근 방식이 가장 도움이 될지 결정할 수 있다.

‖‖‖‖‖‖ 걱정할 때 유의해야 할 5가지 반응 ‖‖‖‖‖‖

메타인지치료MCT: metacognitive therapy의 기본 가정은 기능장애와 심리적 장애가 적응형 학습adaptive learning을 방해하는 정서적 경험과 관련된 유형에서 기인한다는 것이다. 불편한 감정을 해결해 나가는 대신 우리는 꼼짝 못 하고 멈춰버린다. 생각과 감정을 도움이 되지 않는 방식으로 연결하고, 해결책을 찾기보다는 고통스러운 경험을 유지하려고 한다. 본질적으로 우리가 비효율적인 방식으로 반응하는 것은 정서적 생산 라인을 꽉 막아버리는 일과 같다.

메타인지치료에서 설명한 이 반응 유형은 걱정, 불안, 강박 증상에 노출될 가능성을 예측하는 다섯 가지 영역의 메타인지적 특성으로 구성되어 있다. 이 영역들은 긍정적 믿음, 부정적 믿음, 인지적 자신감, 생각 통제에 대한 믿음, 인지적 자의식이다. 지금부터 이처럼 도움이 되지 않는 반응 유형들을 살펴보고, 더 유용한 접근법을 만들기 위한 전략을 알아보겠다.

영역 1. 긍정적 믿음

이건 괜찮아 보인다. 그렇지 않은가? 긍정적인 생각을 감점 사항으로 평가할 심리상담사는 없을 것이다. 하지만 걱정에 대한 긍정적인 생각은 예외일 수 있다. 걱정하는 것이 도움이 된다거나 유용하다는 긍정적 믿음은 불안으로 힘들어하는 사람들에게 매우 흔히 나타나는 관점이다. 나는 가끔 다음과 같은 말을 듣는다.

"걱정하면 준비가 더 잘 돼요."

"걱정하는 것은 상황을 통제하고 있다는 느낌을 들게 해요."

"걱정하면 가능한 모든 결과를 예측할 수 있어요."

"괜찮아지려면 걱정이 필요해요."

"걱정하는 것은 저의 대처 방법이에요."

긍정적 믿음 자체는 문제가 되지 않을 수 있지만 걱정에 관한 다른 믿음들과 결합하면 문제가 된다. 긍정적 믿음을 고수하면 암묵적으로 계속 걱정하는 것을 스스로 허용하는 동시에 변화를 꺼리게 만들 수 있다. 걱정하는 전략이 완전히 나쁜 것은 아니지만 당신에게는 분명 문제가 된다. 술을 알코올 중독자에게 개념화한다고 생각해보자. 즉 술은 몇 가지 긍정적인 측면(즐거움, 긴장 완화, 사교활동 등)이 있지만 알코올 중독과 싸우는 사람에게는 그런 긍정적인 면이 작용하지 않는다.

이 전략이 당신에게 얼마나 효과적인지 검토하면 도움이 될 수 있다. 보통 긍정적 믿음 자체가 틀렸다기보다 더 큰 전체 그림에서 무언가를 놓치고 있는 경우가 많다. 예를 들어 "걱정하면 준비가 더 잘 돼요."라는 생각에 대해 다음의 질문을 할 수 있다.

- 걱정하지 않고 준비할 수 있는 다른 방법이 있는가?
- 걱정이 당신을 불안하게 만든다면 준비에 방해되지는 않는가?
- 걱정이 실제로 더 나은 결과로 이어졌다는 증거가 있는가?
- 일이 잘 풀렸다는 사실이 반드시 걱정했기 때문에 그런 결과를 얻

이외 삶에서 겪은 몇몇 사례를 활용하여 당신이 했던 걱정과 실제 일어난 현실을 비교해볼 수 있다. 아마도 당신은 실제 벌어지지 않은 수천 가지 가능성만 따졌을 가능성이 크다. 이런 비효율성을 인식하는 것은 걱정이 효과적인 전략이라는 속설을 해체하는 데 도움이 된다.

예를 들어 병원 진료 예약일이 다가올수록 이런 걱정을 할지도 모르겠다. '병원에 가는 길을 잃을 수 있다.', '예약을 놓칠 수도 있다.', '보험증을 안 챙겨가서 의료비가 많이 나올까봐 걱정이다.', '의사가 심각한 병으로 진단하고 추가 검사를 권할 수 있다.', '다른 전문가의 의견이 필요하면 어떻게 해야 하나?', '의사가 무슨 문제가 있는지 놓쳐버려서 병을 조기에 발견할 기회를 놓칠 수 있다.', '의사가 내 말에 귀 기울이지 않으면 내가 필요한 것을 자세하게 설명해야 할 수도 있다.', '새로운 의사를 찾아야 할지도 모른다.'

그리고 실제로 당신이 경험하는 현실은 다음과 같을 것이다.

'병원에 가서 진료를 받았고 모든 것이 괜찮았다.'

당신이 하는 걱정은 요점을 벗어날 때가 많다. 즉 잘못된 단서들이 너무 많다. 삶에서 이 정도의 성공률로 계속 사용할 만한 다른 전략은 없을까? 만약 기르는 강아지가 100번 중 한 번만 밖에서 소변을 본다면 이를 성공적인 훈련 전략의 결과라고 결론 내릴 수 있을까? 아마 그렇지 못할 것이다.

영역 2. 부정적 믿음

부정적 믿음은 일반적으로 걱정의 결과에 대해 비관적이거나 재앙에 가까운 예측을 한다. 흔히 다음과 같다.

"걱정을 한번 시작하면 멈출 수 없을 거예요."

"나는 불안한 것을 감당할 수 없을 거예요."

"걱정을 주체할 수가 없어요."

"걱정하는 것은 심장과 건강에 해로워요."

이러한 믿음들이 걱정을 경험하는 데 어떤 영향을 미칠지 상상할 수 있는가? 이런 믿음은 우리의 반응을 어떻게 바꿀 수 있을까? 걱정이 위험하거나 통제할 수 없다고 믿는다면 우리는 의도치 않게 걱정을 유지하고 악화시키는 방식으로 반응하며 더 많은 완화 전략에 의존할 가능성이 훨씬 더 커진다. 걱정을 더 위험한 것으로 평가하고 또 통제 불가능하다고 판단하면 걱정을 효과적으로 관리하기 위한 전략에 덜 투자하게 될 것이다.

이러한 믿음들에 대한 증거를 모으는 것이 도움이 될 수 있다. 우리가 가진 믿음에 관한 새로운 설명이나 의견을 바꿀 수도 있는 추가 정보를 수집하는 일에 열린 자세를 유지하고 호기심을 가지려고 노력하는 것이 중요하다. 열린 마음은 우리 주변의 세상을 더 잘 이해할 수 있게 돕는다. 위의 부정적 믿음 중 일부를 다시 살펴보고, 걱정의 본질에 대해 더 정확한 결론을 내리는 데 도움을 줄 추가적인 관점이 있는지 찾아보자.

- "걱정을 한번 시작하면 멈출 수 없을 거예요." 이 말이 사실이라면 당신은 매 순간 온전히 걱정만 하고 있다는 것을 의미한다. 그런데 당신이 잠잘 때 걱정은 어떻게 되는가? 잠시 다른 생각을 하거나 어떤 활동에 몰입해 있을 때는 또 어떤가? 아무리 걱정을 멈출 수 없다고 말해도 걱정은 항상 왔다 가고, 갔다 온다. 즉 걱정은 지속적인 것이 아니며 실제로는 멈추기도 한다.

- "나는 불안한 것을 감당할 수 없을 거예요." 당신이 불안을 느낄 때마다 불안은 결국 사라졌다. 분명 시작과 중간 그리고 끝이 있었다. 그렇게 당신은 불안을 겪고 지금까지 매번 살아남았다. 지금껏 불안이 닥쳐올 때마다 그 상황을 감당해왔다. 현재까지 대결 기록은 불안 0점, 당신은 7,826,027점이다. 불안을 좋아하지 않았을 수 있지만 아마도 지금 당신은 불안을 다루는 데 이미 충분히 능숙한 사람일 것이다.

- "걱정을 주체할 수가 없어요." 걱정 자체를 통제할 수는 없지만 걱정하는 방식은 통제할 수 있다. 걱정하는 것은 습관이고, 습관은 바꿀 수 있다. 시간이 걸리고 연습도 필요하겠지만 걱정을 관리하는 기술을 배울 수 있다는 사실은 분명하다.

• "걱정하는 것은 심장과 건강에 해로워요." 정확히는 그렇지 않다. 그렇다고 느껴지는 때도 있지만 사람들은 불안과 공포의 생리적 신호를 종종 잘못 해석하고 스스로 위험에 처해 있다고 믿는다. 심박수가 증가했는가? 이는 적당한 운동과 별반 다르지 않다. 산소가 충분하지 않다고 느꼈는가? 그건 실제로 몸이 빠른 호흡 때문에 너무 많은 산소를 얻어서 느끼는 증상이다. 심각한 기저질환이 없는 한 걱정과 불안의 생리적 측면은 심각한 위험이 되지 않는다. 그러나 불안은 일부 장기적인 측면의 건강 위험과 관련될 수 있다. 당장은 큰 위협이 되지 않아도 불안을 치료하지 않은 상태로 두면 장기적으로 건강에 부정적인 영향을 미칠 가능성이 커진다.

영역 3. 인지적 자신감

걱정하기의 가장 큰 역설 중 하나는 명확성이나 확실성을 찾으려는 의도에도 불구하고 걱정하는 과정에서 종종 확신이 부족해진다는 것이다. 끝없는 선택과 가상 시나리오를 전부 살피고 나면 정신적으로 상황을 파악하기가 더 혼란스러워진다. 걱정하기는 종종 나 자신을 신뢰하는 능력을 훼손하는 불행한 부작용을 낳는다. 강박장애를 가진 사람이 가스레인지를 확인하는 상황을 생각해보자. 처음에는 불이 꺼져 있는지만 확인하는 것일 수 있다. 하지만 두 번 확인한다면? 세 번, 네 번… 열 번까지 확인한다면? 이제 그 일은 자기 자신을 확인하려는 행위가 된다.

'내 기억이 맞을까?'

'내가 본 것이 내가 생각한 것과 같을까?'

'가스레인지 버튼을 만졌을 때 내가 실수로 전원을 켜진 않았을까?'

'확인할 때 정신이 없었을 수도 있으니 다시 확인해야 할 것 같아.'

이는 단지 강박장애에서만 나타나는 것이 아니다. 기억력과 주의력에 대한 이러한 의심은 여러 가지 걱정에서 나타날 수 있다.

'내 판단을 믿을 수 있을까?'

'내가 상황을 올바르게 파악했을까?'

'주의력 부족이 나를 위험에 빠뜨리는 건 아닐까?'

'확실히 기억하지 못한다면 그건 나 자신을 신뢰하면 안 된다는 걸 의미해.'

이런 유형의 인지는 항상 '믿을 수 없는 화자unreliable narrator' 개념을 생각나게 한다. 이 개념은 화자의 지각이나 신뢰성이 의심되는 이야기나 책들을 일컫는다. 당신은 자기 자신이 말하는 것을 믿어야 할지, 믿지 않아야 할지 모른다. 책 한 권을 읽는 동안 내내 질문하고 무슨 일이 일어나고 있는지 알아내려고 애쓰면서 자신이 세계를 볼 때 사용하는 렌즈가 정확한지 확신하지 못하는 것과 같다. 자신의 모든 행동을 의심하고 질문함으로써 자신의 감각과 직감을 믿지 않게 된다.

불행하게도 인지적 자신감으로 겪는 어려움은 우리가 보이는 반응으로 더 지속되기도 한다. 스스로 신뢰하지 않고 추가적인 확인 및 주의가 필요한 것처럼 행동한다면 자신의 이론을 테스트할 기회를 놓치는 것이다. 가스레인지를 여섯 번 확인했다면 여섯 번 확인했기 때문에 안전하다는 것을 정확하게 알게 된다. 그리고 가스레인지를 다 사용한 후에 그냥 자리를 떴을 때 어떻게 되었을지 알아볼 기회를 놓친다. 이는 통제집단 없이 연구하는 일과 같다. 비교 대상이 없으므로 결과가 실제로 우리의 행동 때문인지 아닌지 확인할 방법이 없다. 열린 자세를 유지하기 위해서는 약간의 위험을 감수해서라도 좀 더 객관적인 그림을 형성할 수 있는 추가 데이터를 수집하는 일이 중요하다.

자신의 지각이나 능력을 의심하게 되는 상황을 확인해보자. 자기 자신을 의심하기 때문에 확인 행동을 하는가? 잘못된 선택을 할지 걱정되어서 결정하기를 힘들어하거나 피하게 되는가? 이러한 믿음을 검증할 수 있는 실험을 설계하는 연구자가 되어보자. 확인하기를 자제할 때 어떤 일이 일어나겠는가? 추가적인 분석 없이 빠르고 유연한 결정을 내릴 때는 어떤 일이 일어날까? 그 결과가 과학계에 미치는 영향을 고려했을 때 개별 사례나 일화에만 의존할 수 없다는 사실을 기억하자. 우리는 충분한 크기의 표본이 필요하다. 그러니 한 번만 시도하지 말고 반복해서 더 정확한 결론을 내릴 수 있는 충분한 증거를 수집하자. 새로운 정보를 수집하는 데 집중하고 당신의 믿음이 계속 유지되는지 살펴보자. 당신이 자기 자신을 더 신뢰할 때 추가적인 분석이 불필요하다는 사실을 깨닫게 되리라 확신한다.

영역 4. 생각 통제에 대한 믿음

누군가는 원하지 않는 생각이 떠오르면 그저 어깨만 한 번 으쓱하고 삶을 계속 살아간다. 또 다른 누군가는 그런 생각을 의식에서 없애려고 애쓰며 억제 모드로 들어간다. 왜 사람들은 원하지 않는 생각을 이토록 다르게 다룰까? 이는 부분적으로는 그런 생각이 무엇을 의미하는지에 대한 믿음과 관련 있다. 생각을 통제할 수 있어야 한다고 믿는다면 의도하지 않은 생각이 불쑥 떠오를 때 불편할 것이다. 만약 그 불쾌한 생각이 자신을 괴물처럼 느끼게 하거나 어떤 나쁜 일을 하리라는 의미라고 믿는다면 당신은 이 생각을 재앙이라고 여길 가능성이 훨씬 커진다. 또한 자신의 행복이 생각을 통제하는 능력에 달렸다고 믿는다면 생각을 통제하기 위해 더 많은 시간을 쓰게 될 것이다.

이러한 개념을 시각화해보는 것이 좋다. 뇌가 끊임없이 당신에게 공을 던진다고 상상해보자. 걱정으로 힘들어하지 않는 사람들은 뒤로 물러나 관찰을 한다. 공을 가지고 특별히 무언가를 해야 한다는 압박을 느끼지 않으므로 공을 잡거나 떨어지게 놔

뒤도 상관없다. 그들은 전략적으로 행동해야 할 때만 공을 집어든다. 반면 걱정하는 사람은 정신없이 이리저리 뛰어다니며 모든 공을 잡으려고 한다. 공이 바닥에 떨어지면 재앙이 발생한다는 가정하에 행동하는 것이다. 마치 생사가 공의 폭격을 막아내는 능력에 달린 것처럼 말이다.

실제로 모든 공을 잡아야 할 필요가 없다는 사실을 깨달으면 안심하게 된다. 모든 공을 잡고, 점검하고, 제자리에 놓아야 할 필요는 없다. 당신에게는 원하는 대로 공에 접근할 자유가 있다. 문제는 당신의 뇌가 이 사실을 모른다는 점이다. 뇌가 아는 것은 공을 통제하는 일이 시급한 작업이라는 인식뿐이다. 그래서 우선순위 목록 맨 위에 '공 통제하기'가 있어야 한다고 생각한다.

이때 당신의 뇌에 다른 선택권을 줄 수 있다. '걱정하기 시간'을 계획해보자. 이 방법이 비생산적으로 들릴 수 있다는 걸 안다. 걱정하는 것을 멈추려고 노력 중인데 의도적으로 걱정할 시간을 만들라니 말이다. 자, 매일 걱정하는 시간 10분을 일정에 잡아보자. 가장 이상적인 시간은 하루가 끝날 무렵인데 잠자기 직전은 별로 좋지 않다. 이제 당신의 목표는 하루 중 걱정이 생겼을 때 이를 걱정하기 시간까지 그냥 놔두는 것이다. 걱정의 존재를 인정하되 할 일을 계속해서 하다가 지정한 시간에만 걱정하기를 한다. 온종일 아무 때나 걱정하는 습관이 있다면 당신의 뇌는 걱정하기 시간을 이해하는 데 시간이 걸릴 수 있다. 그러니 의지를 다지고 끈질기게 실천해 나갈 필요가 있다.

걱정하기를 하루 10분 정도로 압축할 수 있다면 성공이라고 생각한다. 하지만 사람들 대부분이 심지어 정한 시간조차 사용하지 않게 된다. 그 시간이 되면 걱정했던 것을 잊어버리거나 걱정이 생겼던 순간과 같은 관심이 남아 있지 않기 때문이다.

이렇게 걱정하기를 하루 일정 중 명확히 제한된 시간에만 하는 일로 만드는 건 좋은 방법이기는 하지만 더 중요한 것이 있다. 이 방법이 갖는 궁극적인 목표는 걱정이 시급한 일이거나 즉각적인 주의가 필요한 것이 아니라는 더 폭넓은 관점을 배우는 것이다. 즉 걱정이 생길 때마다 성급하게 주의를 기울이거나 즉시 바로잡으려고 노력할 필요가 없다.

이 방법을 실천해봤다면 다음 단계를 추가해보자. 걱정하기 시간에 거울 앞에 서서 당신의 걱정을 소리 내어 말해보는 것이다. 사람들은 대부분 이 제안을 듣자마자 얼굴을 찡그리며 입을 꽉 다문다. 그런 행위가 얼마나 불편하고, 스스로 바보 같은 느낌을 들게 할지 알기 때문이다. 이 제안의 목표는 당신을 불편하게 만드는 것은 아니지만 걱정하는 행동이 얼마나 터무니없는 일인지 깨닫게 하기 위한 것이기는 하다. 우리는 종종 이상하거나 우스꽝스러운 생각들이 머릿속에 맴도는 것을 가만히 두고 본다. 하지만 그 생각들을 입 밖으로 소리 내어 말하고 그런 자신의 모습을 직접 본다면 대부분은 모든 걱정이 얼마나 무의미한지 인정하면서 곧장 걱정하기를 그만둘 것이다.

영역 5. 인지적 자의식

어떤 사람들은 자신의 생각을 매우 잘 알고 있다. 끊임없이 머릿속 생각을 주시하며 내면 속 인식의 흐름에 주의를 기울여 내적 경험을 관찰한다. 어떤 사람들에게는 마음속에 존재하는, 항상 목소리를 내는 끈질긴 화자가 있고, 또 어떤 사람들에게는 내면의 화자가 전혀 존재하지 않기도 한다.

이 마지막 메타인지적 특성은 반드시 믿음이라고는 할 수 없지만 우리가 걱정에 어떻게 반응할지를 결정하는 여전히 중요한 요소다. 마음속 화자가 계속해서 입을 다물지 않으려고 한다면 그와 다른 관계를 형성해야 할 것이다. 농구 코치가 옆에서 당신에게 계속해서 소리치며 지시한다고 생각해보자. 그 조언이 유용할 때는 들어볼 가치가 있다. 하지만 코치가 말도 안 되는 지시를 외칠 때는 시간 낭비할 필요가 없다. 코치가 닭고기 수프 레시피나 휴가 갔던 이야기를 외친다면 무시하고 그냥 경기에 집중하면 된다. 혹은 당신이 농구를 못한다고 말다면 그 비판도 무시하는 게 좋을 것이다. 좋든 싫든 그 사람은 당신의 코치다. 다른 코치로 바꿀 수 없다. 하지만 쏟아지는 지시와 비판에 어떻게 대응하고, 어떻게 받아들일지는 당신이 의도적으로 결정할 수 있다.

당신은 다음의 질문들을 스스로 물으면서 자신의 생각에 대해 분별력 있는 소비자가 될 수 있다.

- 유용한 생각인가?
- 내가 하는 일과 관련 있는가?
- 지금 당장 그 생각에 집중하는 일이 시간을 효율적으로 사용하는 것인가?

마음속 화자가 말하는 목소리 크기나 횟수를 항상 바꿀 수는 없겠지만 의식적으로 어떤 생각에 관심을 기울여야 할지 걸러낸다면 우리의 주의력을 효율적으로 쓸 수 있다. 내용(이 생각이 사실인가?)에 집착하는 대신 유용성(이 생각이 도움이 되는가?)에 집중하자.

그럼 이제 도움이 되는 생각을 결정하는 기술을 습득하면서 걱정에 대한 반응을 걱정에 지배되지 않은 삶을 위한 전략으로 바꾸는 방법을 생각해보자.

⫿⫿⫿⫿⫿ 나만의 전략을 만들어라 ⫿⫿⫿⫿⫿

우리 삶에서 걱정이 부족할 일은 없을 것이다. 걱정이 삶을 지배하고 문제가 되는 때는 대부분 걱정을 하나하나 해결하려고 하면서 매번 모든 내용에 주의를 기울여서 다루려고 할 때다. 우리를 곤경에 빠뜨리는 것은 바로 이런 무분별한 접근법 때문이다. 좀 더 전략적인 절차를 사용해야 할 때에도 우리는 반응하기에 급급하다.

걱정이 어떤 내용인지는 잠시 제쳐 두자. 당신은 스스로 걱정에 대해 어떻게 반응한다고 평가하는가? 당신의 전략을 친구에게 추천할 수 있는가? 당신과는 다른 방식으로 걱정과 관계를 맺는 사람들을 아는가? 걱정을 다루는 당신의 전략은 효과가 있는가? 당신만의 전략이 있는가, 아니면 그때그때 만들어내서 그저 잘 풀리기만을 바라는가?

오늘의 실천

걱정에 반응할 때 필요한 전략을 세우자. 단 어떤 내용도 포함하지 않는다. 오늘 했던 걱정은 잊어라. 재정적인 조언이 당신의 걱정에 답이 될 수 없다. 더 친절한 상사나 더 촘촘히 조율한 육아 전략으로도 해결되지 않을 것이다. 문제 해결 방법이나 '라이프핵'(life-hack, 생산성이나 효율성을 높이는 전략을 뜻하는 용어—옮긴이)도 걱정을 해결할 수 없다. 걱정하기에 관한 문제는 당신이 의심, 불완전함과 어떤 관계를 맺느냐에 달렸다. 이는 향상하려고 노력하는 당신과 당신의 생각, 감정의 관계이기도 하다. 당신은 걱정과 어떤 관계를 맺고 싶은가? 지금까지 살펴본 걱정에 대한 다양한 믿음을 고려하여 자신의 삶에 더 적합한 방식으로 걱정과 관계를 맺기 위한 청사진을 세울 수 있는지 알아보자. 예를 들면 다음과 같다.

'나는 나의 걱정과 덜 적대적인 관계를 맺고 싶다. 감정적 경험에 더 열린 마음을 가지고, 그 감정들을 전체적인 시각에서 바라보는 동시에 고통에 이끌리지 않는 삶의 선택을 하고 싶다. 나는 내 걱정이 진정으로 무엇을 위한 것인지 인식하고 싶다. 즉 내 뇌가 나를 안전하게 지켜주고자 했던 의도는 훌륭했으나 궁극적으로 결함을 가진 노력이 무엇이었는지 알고 싶다. 나에게는 의심과 불확실성을 견뎌내는 능력이 있다는 것을 안다. 솔깃하긴 하겠지만 나는 끝맺지 못한 모든 상황을 통제하려는 욕망을 떨쳐버릴 수 있다. 나의 걱정은 지금까지 도움이 되지 않았으며 나를 가로막았을 뿐이다. 걱정에 덜 집착하는 삶을 살기 위해 나 자신을 믿고, 나를 꼼짝 못 하게 만드는 걱정에 대한 오랜 믿음들은 버려야 할 때다.'

이어서 다음 이야기에서도 걱정하기의 과정에 초점을 두고 메타인지적 추론에 대해 살펴보겠다. 어떤 생각에 주의를 기울일지 어떻게 결정해야 하는가? 당신은 눈앞에 있는 감각적 정보를 바탕으로 결정을 내리고 있는가? 아니면 머릿속에 떠오르는 상상 속 시연을 기반으로 하는가? 내적 경험에 빠져드는 순간을 포착하는 방법을 알아보고, 지금 현재로 돌아와 더 나은 선택을 하는 도구를 개발하는 방법을 살펴보자.

상상이 아닌
현실에서 생각하라

현실 세계에는 한계가 있지만 상상의 세계는 무한하다.

- 장 자크 루소

이제 당신은 스스로 걱정하는 사람이라는 것을 확인했다. 당신은 괴로워하며 고민하고 생각에 갇힌 사람이다. 하지만 늘 그런 상태인가? 주변에 모든 불확실성이 당신을 몇 시간씩 걱정하게 만드는가? 아니면 어떤 상황에서는 걱정을 떨쳐내고 편안함을 느끼는가? 아마도 위험을 감수할 수 있는 상황도 있을 것이다. 사람들은 종종 어떤 상황에서는 불확실성을 완벽하게 견뎌낼 수 있지만 다른 어떤 상황에서는 그렇지 않다는 사실을 깨닫고 당혹감을 느낀다. 말하자면 위험을 무릅쓰고 자동차 운전대를 잡을 수는 있어도 운전에 비해 비교적 안전한 활동인 직장 상사와의 대화는 두려움과 불안을 유발한다. 모든 것을 걱정하지 않는다는 사실은 축하할 만하지만 일관성이 없다는 사실이 괴로울 수 있다.

강박장애를 가진 사람들을 위한 거주 치료 프로그램을 맡아 일한 적이 있다. 입소 시 새로 들어오는 환자들에게서 다른 사람들의 증상을 따라 하지는 않을지(다른 강박장애를 가진 사람들과 공동생활을 하면서 전에는 생각하지 못했던 새로운 강박관념을 유발할지)에 대한 우려를 자주 접하곤 했다. 이는 합리적인 우려로 보이지만 실제로 그런 경우는 드물었다. 환자들은 이따금 다른 사람의 강박관념이 자신들에게 영향을 미치지 않는다는 것에 놀랐다. 각각의 환자들은 자신만의 독특한 의심의 구름 속에 갇혀 강박관념과 싸우고 있었다. 그렇기에 다른 환자들이 경험했던 다양한 걱정들이 자신에게는 같은 방식으로 영향을 미치지 않는다는 것을 깨달았다. 어떤 사람들은 심지어 다른 사람의 강박관념에 의아함을 표하며 "어떻게 그렇게 걱정할 수 있습니까?"라고 말하기도 했다. 사람들은 저마다 자신의 강박관념을 만들고 강화해왔기 때문에 다른 사람들이 경험하는 여러 걱정과 위험 그리고 먼 미래의 가능성은 그들이 만든 강박관념에 아무 영향을 미치지 않았다.

머릿속에 떠오르는 생각에는 무작위성이 있다. 생각들은 엉

망진창으로 얽혀 있어서 때때로 우리 마음을 어지럽히는 정신적 자극의 불협화음에는 이유나 근거가 별로 없다. 그러나 이러한 지나가는 생각들이 고착되어 강박으로 자라는 과정은 조금 더 체계적이다. 끊임없이 우리를 공격하는 무작위의 생각들? 이런 것들은 무의미하다. 그러나 선택되어 '걱정 유발자'로 계속 발전한 생각들은? 이는 단순한 우연이 아니다. 스스로 걱정을 구축하고 전파하는 과정을 인식한다면 그 과정이 시작되기 전에 해소하는 방법이 있다.

⸜⸜⸜⸜ 현실을 잡아먹는 생각 괴물 ⸜⸜⸜⸜

이 책은 앞서 불확실성과 의심이라는 단어를 혼용해서 사용했다. 하지만 걱정에 빠지는 과정을 살펴보기 시작할 때는 이 두 단어를 구별하는 편이 좋다. 불확실성이란 무언가를 모르지만 답을 얻을 수 있는 경우를 말한다. 열쇠가 어디 있는지 모를 때 찾기만 하면 열쇠가 있는 곳을 알아낼 수 있다. 불확실성을 확신으로 바꾸는 것이다. 한편 의심은 열쇠를 찾고 나서 '만약 이 열쇠가 다른 사람 것이면 어쩌지?'라고 의문을 표하는 것이다. 만약 다른 사람이 나와 같은 차, 같은 열쇠고리, 같은 종류의 액세서리를 가졌고 어쩌다 그 열쇠가 내 주머니에 들어온 것이라면? 불확실성은 모르는 상태에서 알게 되는 것이고, 의심은 알고 있지만 그 사실에 의문을 갖는 것이다.

앞에서 우리는 걱정이 유용하고 도움이 되는 생각에서 출발했지만 이내 쓸모없는 영역으로 진입하는 것이라는 사실을 이야기했다. 계획하고 분석한 영역 내에서는 효과적일 수 있지만 벗어나거나 계속해야 할 때를 놓치면 얻을 것이 더 없는 상태에 이르는 것이다. 의심은 바로 이 지점에서 발생한다. 모든 징후가 '전혀 문제없다'라고 말하는데도 우리는 여전히 먼 미래의 가능성에 초점을 맞춘다. 눈앞에 보이는 명백한 정보에 의존하는 대신 상상 속의 시나리오와 '만약'이라는 가능성에 몰두하는 것이다. 때때로 나는 '당신만 그렇게 생각하고 있다'라는 지적에 움찔하는데 아마도 이 말에 진실이 있을지 모른다. 상상속 재난의 세계가 전적으로 우리의 마음속에 있는 반면 눈앞에 있는 증거는 우리가 안전하다고 말하는 경우가 더 많다. 상상과 지각은 직접적으로 대조되는 세계다.

상상과 지각의 차이를 이해하기 위해 다음의 이야기를 살펴보자. 당신이 내 사무실을 방문해서 의자에 앉는다고 상상해보자. 나는 이렇게 말한다. "당신은 그 의자를 정말 좋아할 거예요! 몇 년 동안 대기 명단에 올렸다가 이번 주에 드디어 밀라노에서 배송받은 것이거든요. 숙련된 장인이 최고급 원단으로 만들었답니다. 6대가 가업을 이어 가구를 만드는 사람들이 완벽한 디자인을 완성하기 위해 노력하고, 매년 세 개의 의자만 만들지요. 나무는 이탈리아 시골에 있는 희귀한 나무숲에서 수확한 거예요. 저자극 원단에 유기농 충전재를 사용하여 장인들이 수작업으로 직조했답니다. 당신은 이 의자에 앉는 첫 번째 사람이에요." 이 말을 들으면 아마도 그 의자에 앉는 경험은 상당히 기분 좋게 느껴질 것이다. 심지어 그런 멋지고 웅장한 의자에 앉을 기회를 얻은 것이 특별하게 생각될 수도 있다.

그런데 반대로 내가 이렇게 말한다면 어떨까? "음, 여기 앉는 건 조금 위험할 수 있어요. 얘기하자면 길지만 얼마 전에 쓰레기장에 물건을 버리러 갔다가 이 의자를 발견했거든요. 마침 사무실에 의자가 필요해서 승합차 뒤쪽에 실어 왔습니다. 약간 퀴퀴한 냄새가 나서 며칠 동안 차고에 두고 통풍을 시켰는데 그러고 나서도 제 아이가 그 위에서 놀다가 기저귀가 샜던 거 같아요. 의자가 좀 축축해져 있었거든요. 거기에 벌레도 좀 있었는데 그건 걱정하지 마세요. 당신이 오기 전에 살충제를 뿌렸으니 아마 괜찮을 거예요."

두 번째 이야기는 좀 다르게 느껴지지 않는가? 같은 의자에 두 가지 다른 이야기가 더해졌다. 실제로 내 사무실에 있는 의자들은 이 두 가지 경우 중 어느 것과도 거리가 멀다. 나는 꽤 깨끗하고 세련된 분위기의 사용감도 적당한 괜찮은 의자를 가지고 있다. 한마디로 평범한 의자다. 하지만 두 이야기는 의자에 다른 경험을 얹는다. 여기서 중요한 건 어떤 이야기가 진실인지, 거짓인지를 결정하는 것이 아니라 서사가 사물에 대한 우리의 경험에 어떤 영향을 미치는지를 파악하는 것이다. 생생하고 몰입감 있는 이야기를 만들면 우리는 그 서사에 빠져들고, 주변 세계를 탐색하고 경험하는 방식에 색을 입히기 시작한다. 현실감 있고 생생한 이야기를 만들어내는 능력은 우리를 현재 상태에서 빼내어 머릿속 허구화된 세계로 빠뜨릴 수 있다.

오늘의 실천

컵이나 휴대폰, 문고리 같은 주변의 흔한 물건들을 사용하여 이야기를 만들 수 있다. 이 불쌍하고 탄압받은 물건들에 몰아닥쳤을 더러움과 불결함을 상상해보자. 그 물건들이 누릴 수도 있었던 아주 깨끗이 소중하게 다뤄지는 운 좋은 삶을 상상해보자. 이렇게 몰입할 만한 이야기들이 우리가 물건과 관계를 맺는 방식을 어떻게 바꾸는지에 주목하자. 물건의 객관적인 현실(상태)은 그대로 똑같지만 물건에 대한 주관적인 해석은 바뀌게 되는 것을 알 수 있다.

마음속 그럴듯한 허구에 이끌려 이런 내면의 이야기들에 사로잡히는 것을 '상상의 몰두imaginal absorption'라고 한다. 아마도 당신은 종종 마음의 창의력이 만든 진짜 같은 연기와 거울들에 휩싸여 길을 잃을 것이다. 이렇게 되는 것이 항상 나쁜 것은 아니다. 책을 읽거나 몽상하거나 이야기를 들을 때에도 유사한 일이 일어난다. 정말 무서운 영화를 볼 때의 느낌을 떠올려 보자.

긴장되고, 심장이 두근거리고, 예상치 못한 장면이 나올 때 순간적으로 놀라거나 비명을 지르기도 한다. 당연히 당신은 자신이 실제 위험한 상황에 있는 게 아니라는 것을 알지만 상상의 세계에 몰두한 나머지 주변 현실이 흐려지기 시작한다. 그래서 마치 진짜 위험에 처한 것처럼 반응하게 되는 것이다. 너무나 현실 같은 느낌이 들기 때문이다.

그렇다면 눈앞에 있는 현실 대신 상상 속 걱정의 세계에 어떻게 속아서 반응하게 되는 것일까? 방금 본 무서운 영화가 〈죠스〉이며 보고 난 후 바로 바다에 들어간다고 상상해보자. 당신은 상어를 떠올리게 될 거라고 확신한다. 상황에 대한 당신의 해석도 바뀔 가능성이 크다. 바다에서 상어에게 공격받는 일이 벼락을 맞는 일보다 더 드물다는 현실이 아닌 식인 상어들이 끊임없이 배회하는 '죠스의 세계'에 맞춰서 행동하기 쉽다. 수면 위로 튀어나온 등 지느러미를 찾을지도 모르며, 해안에서 너무 멀리 가는 것을 망설일 수 있다. 객관적인 현실은 변한 것이 없지만 영화에 담긴 풍부한 서사가 당신의 현실 혹은 현실에 대한 해석에 침투하기 시작한 것이다. 두려움, 잔상, 가능성이 지금의 현실에 머무르기 어렵게 만든다.

키에론 오코너 Kieron O'Connor 와 프레더릭 알데마 Frederick Aardema 는 이를 '추론융합inferential confusion'이라고 부르며 이는 추론기반 치료의 기초가 된다. 추론융합은 가상의 가능성을 현실로 착각하고, 상상을 바탕으로 추론하고 선택하는 것을 말한다. 내면의 세계에 몰두하면 실제 일어나고 있는 일과 마음속의 무한한 가능성을 구분할 수 있는 능력이 모호해진다. 지금 이 순간에 대한 두려움은 아무것도 입증되지 않았지만 당신이 만들어낸 이야기가 이제 현실이 되어 의사결정과 전략의 바탕이 된다. 모든 사람이 일정 부분 이 과정을 거친다. 하지만 불안에 시달리는 사람들에게는 이 과정이 문제가 될 수 있다. 추론융합에 바탕을 둔 행동은 불안 주기를 지속시키기 때문이다.

추론기반치료는 상상에 몰두하는 경험 외에도 추론융합의 원인이 되는 몇 가지 잘못된 추론 오류를 식별하고, 상황의 증거가 실제로 무엇을 나타내는지 생각하게 하는 지침을 제공한다.

ⅢⅢⅢ 우리가 잘못된 상상에 빠지는 이유 ⅢⅢⅢ

'만약 상어에게 물린다면?'이라는 생각을 예로, 의심을 지속시키는 몇 가지 추론 오류를 알아보자.

의심 : 만약 상어에게 물린다면?
- **추상적 사실**: 상어의 공격은 실제로 발생할 수 있다.
- **일반 규칙**: 바다에서 수영할 때는 항상 조심해야 한다.
- **소문**: 뉴스에서 사람을 공격한 상어 이야기를 접했다.

- **개인 경험**: 해파리에 쏘인 적이 있다. 소라게에게 물린 적 있고, 어릴 때는 동물원에서 염소에게 배를 차이기도 했다. 동물들은 나를 공격한다!
- **가능성**: 상어에게 공격 당하는 불운한 사람이 될 수도 있다.

위의 진술 중 어느 것도 거짓이 아닌 것에 주목해야 한다. 여기에는 어떤 논리와 신뢰성이 존재하기 때문에 의심 앞에서 설득력 있게 된다. 궁극적으로 문제가 되는 것은 진술의 진실 여부가 아니라 실질적인 적절성이다. 이러한 진술은 맥락을 벗어나서 두려운 결과를 정당화하는 근거로 사용된다. 두려움에 빠진 다음 잘못된 추론을 통해 자신의 믿음을 검증해 나간다. 이 과정은 매우 잘못된 과학 연구 과정과 유사하다. 만일 내가 게으르거나 부도덕한 연구자라면 하나의 가설을 세우고 그 가설을 뒷받침하는 증거를 조작할 것이다. 결론부터 내리고 난 후 다시 되짚어가며 결론이 맞다는 증거를 만드는 작업을 할 것이다. 반대로 올바르고 건전하게 과학 연구를 한다면 실제 관찰을 통해 결론을 도출하려고 노력할 것이다. 그리고 관찰 결과가 가설을 뒷받침하지 않는다면 가설이 거짓이라고 결론지을 것이다. 다시 말하지만 우리는 내용이 아니라 과정을 다루고 있다. 진술(내용)이 사실일 수는 있어도 그 과정(잘못된 추론 오류)에는 결함이 있다.

몇 가지 예시를 더 살펴보자.

의심: 달 착륙이 거짓된 장난이었다면?

- **추상적 사실**: 정부에게는 비밀이 있다.
- **일반 규칙**: 다른 사람을 맹목적으로 믿어서는 안 된다.
- **소문**: 삼촌의 친구가 닐 암스트롱이 진짜 우주 비행사가 아니라고 말했다.
- **개인 경험**: 나는 이전에 속은 적이 있다.
- **가능성**: 내가 달에 있었던 것이 아니므로 실제 거짓일 가능성을 배제할 수 없다.

이번 예시는 좀 더 터무니없어 보이는 이야기 같지만 추론 과정을 보면 우리가 하는 걱정들이 음모론보다 나은 게 없다는 것을 알 수 있다. 다시 말하지만 각각 유추한 내용이 전부 사실이더라도 추론 체계로 봤을 때는 아주 형편없는 것들이다. 예시 하나를 더 살펴보자.

의심: 상사가 나를 싫어해서 해고한다면?

- **추상적 사실**: 사람들은 항상 해고당한다.
- **일반 규칙**: 상사가 날 좋아하지 않으면 내 자리가 위태로울 수 있다.
- **소문**: 동료들이 이전 직원이 해고되었다고 말했다.

- **개인 경험**: 성과 평가에서 상사가 나에게 개선할 점에 대해 피드백을 주었다.
- **가능성**: 내가 절대 해고당하지 않을 거라고 확신할 수 없다.

의심에서 시작하여 그 후에 뒷받침하는 증거를 쌓아나가면 결국 추론융합 상태에 빠지게 된다. 눈앞에 있는 현실이 아니라 정신적 시연에 반응하기 시작할 정도로 상상 속에 몰두하게 되는 것이다. 이런 추론 과정은 심지어 충분한 근거가 없는데도 의심에 신뢰성을 부여한다.

오늘의 실천

평소 자신을 괴롭히는 의심이 무엇인지 알아보자. 살펴본 예시처럼 대개 '만약'에서 시작된 생각들을 의심으로 발전시켰을 것이다. 그런 다음 다섯 가지 잘못된 추론 오류를 사용하여 당신이 어떻게 의심을 정당화하고 합리화했는지 살펴보자. 이를 위해 필요한 작성 양식을 만들어 두었으니 앞서 언급한 웹사이트(newharbinger.com/52144)에서 다운로드하길 바란다. 아마도 처음에는 무작위로 떠오른 생각이었겠지만 그 생각이 의심으로 발전한 것은 일부 당신의 추론 접근 방식 때문이다. 이어서 당신에게는 전혀 거슬리지 않는 다른 사람의 걱정을 예로 연습을 반복해보자. 주변의 흔한 물건을 대상으로 다양한 서사를 만들어내는 것을 연습하고 그 이야기들이 실제 경험에 어떤 영향을 미치는지 알아본 것처럼 추론적 오류가 어떻게 강박적인 의심을 형성하기 시작하는지 알아차리는 연습도 할 수 있다.

ⅢⅢ 내 안의 '하이드 씨' 마주하기 ⅢⅢ

불안에 대한 노출 기반 접근법은 종종 당신의 핵심 두려움을 확인하는 데 관심이 있다. 이는 걱정을 여러 겹 파고 들어가다 보면 그 중심에 있다. 예를 들어 "상사가 나를 싫어한다면?"이 라는 걱정은 사실 '내가 형편없고 사랑받지 못하는 사람이라면 어떡하지?'라는 마음속 깊은 핵심 두려움이다. 추론기반치료에 이를 설명하는 개념이 있다. 바로 '취약한 자아 테마vulnerable-self theme'로, 두려워하는 자아 버전을 가리킨다. 말하자면 당신 안에 있는 '하이드 씨'라고 할 수 있으며 당신이 되고 싶지 않은 버전의 자신이다. 이 테마는 추론적 혼란과 강박적 의심을 유발하는 또 다른 요인이기 때문에 확인하고 넘어가는 편이 좋다. 그러면 특정 유형의 걱정을 대비할 수 있기 때문이다. 다시 말해 우리가 모습을 드러낸 오래된 의심에 모두 속아 넘어가 걱정하지 않는 이유는 일부 이 덕분인데 원하지 않는 버전의 자아가 되는 일을 피하려고 강박적인 의심을 하기 때문이다.

오늘의 실천

자신의 취약한 자아 테마를 알아보자. 걱정하기를 멈추었을 때 자신이 어떤 사람이 될 것 같아 두려운가? 당신이 되고 싶지 않은 사람의 특징이나 특성은 무엇인가? 이 '사악한 악마 같은 쌍둥이 자아'와 자신을 비교해 살펴볼 때 어떤 정보들을 가지고 평가하는가?

나는 종종 취약한 자아 테마의 역설적인 본질에 놀라곤 한다. 무책임해지는 것을 걱정하는 사람들이 실제로 가장 부지런하고, 타인에게 상처를 주는 것을 걱정하는 사람들은 가장 양심적이며, 충동적인 행동을 걱정하는 사람들은 가장 절제력이 강한 사람이라는 사실 말이다. 겉으로 드러나는 현실과 자신을 바라보는 시각 사이에는 현저한 불일치가 있다. 이는 다시 추론융합으로 돌아가자. 즉 눈앞에서 일어나고 있는 일에 기반하여 평가하기보다 상상해 본 가능성과 맥락을 벗어난 사실들에 기반하여 자신의 성격을 평가하는 것이다. 쉽게 말해 당신은 현실을 의심하고 상상을 신뢰하고 있다.

예를 들어 취약한 자아 테마가 '부주의한 행동으로 다른 사람에게 피해를 준다'라면 다음 변수들에 주의를 기울이다가 의심에 빠질 수 있다.

의심: 내가 부주의하게 행동한다면 다른 사람에게 피해를 주지 않을까?

- **추상적 사실**: 타이타닉은 누군가가 충분한 주의를 기울이지 않아 침몰했다.
- **일반 규칙**: 할 수 있다면 피해를 주지 않는 것은 나의 몫이다.
- **소문**: 졸음운전으로 일어난 충돌 사고로 일가족이 사망했다는 기사를 읽었다.
- **개인 경험**: 나는 피곤할 때 실수한 적이 있다. 급할 때 절차를 무시

하게 된다.

- **가능성**: 판단력·주의력 결여가 비극적인 결과를 가져올 가능성이 있다.

이처럼 의심은 실현될 만한 두려운 결과뿐 아니라 자신이 누구인지에 대한 본질적인 의문을 품고 있다. 위 예시의 상황에서 만약 자신의 의심에 과도한 경계나 계획, 확인으로 과잉 조치를 취한다면 이는 자신이 두려운 자아가 되기 직전의 벼랑 끝에서 비틀대는 중이며 나쁜 일을 일으키기 전에 할 수 있는 유일한 행동들이라는 믿음을 강화할 것이다.

기업들이 직원 평가를 수행하는 방식을 생각해보자. 단순히 직원의 자체 보고서나 고객 평가에 의존하기보다는 360도 평가를 사용한다. 즉 해당 직원과 상사, 부하직원, 동료 등에게 피드백을 요청한다. 이 과정으로 단 한 명의 평가자만을 사용하는 평가의 주관성을 인식하고 출처를 다양화함으로써 더 공정하고 포괄적인 그림을 그려낼 수 있다. 상사가 당신의 평가서를 작성하는 동안 누군가 그의 귀에 "그 직원은 최악이에요. 무책임하고 어리석은 데다 아무것도 제대로 해내지 못해요."라고 속삭인다고 상상해보자. 그러면 당신의 평가서가 좋게 나올 거라고 기대할 수 없지 않을까? 상상 때문에 의견이 흔들릴 수 있을 것이다. 마찬가지로 당신 자신의 성격 평가도 편향적이기 쉽다.

비판적인 생각들이 소용돌이치며 여러 의심이 마음을 덮칠 수 있다. 당부하건대 한발 물러서 어떤 종류의 정보에 주의를 기울일지 고려하는 노력이 필요하다. 상사가 당신을 싫어하는지 몰라서 걱정될 때 상사의 직접적인 피드백에 더 집중하겠는가, 아니면 상사가 당신에 대한 나쁜 감정을 비밀스럽게 숨기고 있다는 마음속 상상의 시나리오에 더 집중하겠는가? 비슷한 맥락에서 당신은 자신의 성격을 어떻게 평가하고 싶은가? 이때 어떤 요소를 고려하고 싶은가? 또 자기 자신 또는 삶에 대한 인상을 왜곡시킬 수 있는 어떤 종류의 두려움을 인식하고 있는가?

　잠깐, 이것은 앞에서 살펴본 재확신 추구가 아닐까? 분명히 답하자면 '아니다'. 재확신 추구는 "아니요. 상사는 당신을 대단한 직원이라고 생각하고 있을 거예요!"라고 말해주는 것이다. 사실 나는 당신의 상사가 어떤 생각일지 전혀 모른다. 당신을 형편없다고 생각할 수도 있다. 여기서 목표는 거짓된 위로를 주는 것이 아니다. 의식적으로 정보 수집을 하는 방법을 알려주고, 스스로 신중하면서도 엄격한 방식으로 수행하도록 이끌기 위한 것이다. 근본적으로 당신이 최악의 직원이라고 생각한다면 현실의 외부 세계에서 그 생각이 진실임을 입증하는 충분한 증거(지각, 마감 기한 지연 등)가 있어야 한다. 단순히 맥락을 벗어난 사실이나 상상 속 서사(상사가 나를 이상한 표정으로 쳐다봄)가 이유가 되어서는 안 된다. 우리가 얼마나 많이 기본이 되는 실사를 수행하지 않고 자기 자신과 주변 세계에 대한 결론을 내리는지 알게 된다면 놀랄 것이다.

‖‖‖‖ **자신의 의심에 끌려다니지 말 것** ‖‖‖‖

상상의 몰입, 추론융합, 취약한 자아 테마 그리고 상상을 지각으로 혼동하는 경향에 따른 산물들은 모두 불안과 걱정을 지속시키는 완벽한 폭풍이 되어 한데 모인다. 취약한 자아 테마는 특정 유형의 생각이나 촉발 요인에 민감하게 만든다. 끔찍한 버전의 자아가 될 것이라는 두려움은 당신을 방어 태세에 놓이게 하고, 잘못된 논리와 추론에 더 의존하게 한다. 이는 다시 상상에 몰두하고 추론융합을 일으켜 상상의 세계가 현실이라고 믿게 만든다.

이 모든 과정을 하나로 묶은 나의 사례를 한번 살펴보자. 매일 밤 침대에 누울 때 나는 아침에 알람이 울릴 때까지 잠을 자겠다는 계획을 세운다. 이상한 계획이라고 생각할 수도 있지만 나는 이를 수면을 위한 최선의 전략이라고 결정했다. 하지만 어린 자녀가 있어서 이 계획이 항상 이행되지는 않는다. 아이들 중 누군가는 나쁜 꿈을 꾸고, 누군가는 사고를 친다. 혹은 이불을 쌓아놔서 대신 정리해주어야 한다. 안타깝게도 내 잠자리 계획이 항상 순조롭게 진행되지 않지만 그래도 나는 이 최적의 전

Chapter 2 | 걱정과 현명하게 관계 맺는 법

략을 고수한다. 때때로 한밤중에 이런 생각도 한다. '만약 옷장에 침입자가 숨어 있다면?' '침대 아래에 누군가 있다면?' '어쩌면 욕실에 있다면?' 이런 생각에 종종 살인 영화의 한 장면 같은 상상 속 이미지가 더해질 수 있다. 공포심이 들 수도 있고, 가족을 보호해야 한다는 책임과 의무감이 느껴질 수도 있다. 이러한 의심을 뒷받침할 수 있는 몇 가지 잘못된 추론 오류들은 다음과 같다.

의심: 누군가가 우리 집에 침입해서 위협을 가한다면?

• **추상적 사실**: 우리나라에서는 매일 사람들이 살해 당한다.

• **일반 규칙**: 가족을 보호할 수 있다면 해내야 한다.

• **소문**: 최근에 이웃 도시에서 침입 사건이 발생했다는 뉴스를 봤다.

• **개인 경험**: 문을 잠그는 일을 몇 번 잊은 적이 있다.

• **가능성**: 학창시절에 내가 못살게 굴었던 아이가 복수하기 위해 찾아왔을지도 모른다.

여기서 취약한 자아 테마를 쉽게 찾아낼 수 있을 것이다. '가족을 보호하기에 내가 너무 겁쟁이라면 어떡하지?' 이는 결과에 대한 단순한 두려움(이를테면 나는 살해당하고 싶지 않다)이 아니라 나 자신이 어떤 사람인지에 대한 걱정이다. 왠지 모르게 그 순간 나는 샤워 커튼 뒤나 침대 밑, 옷장을 확인하고 싶은 충동이 생긴다. 옷장에 침입자가 정말로 숨어 있다면 그대로 내버려 둔 채 다시 잠을 청하고 그가 단지 스웨터만 빌려 가기를 바라며 손을 가지런히 모으고 잠을 자는 게 더 나은 결과를 얻을 것이다.

강도를 놀라게 하면 살해 당하기 쉽다는 걸 알지만 그럼에도 내 본능은 확인하고 싶어 한다. 확실하게 하고 싶기 때문이다. 생각, 두려움, 죄책감, 추론, 취약한 자아 테마는 모두 그 순간을 '진짜'처럼 느끼게 만들기에 충분하다. 마치 영화를 보는 것처럼 몰입되게 되는 것이다. 그 생생한 느낌은 나를 현재의 순간에서 멀어지게 만든다. 하지만 현재의 순간에서는 유리 깨지는 소리 같은 건 들리지 않는다. 경보도 울리지 않고, 개도 짖지 않는다. 바닥에는 진흙으로 뒤덮인 발자국도 없으며 불이 켜진 것도 아니다. 어떤 것도 내가 위험에 처했음을 의미하지 않는다. 밤새 잠을 자려고 했던 원래의 계획을 바꾸기로 한 결정을 뒷받침할 어떤 근거도 없다. 결국 나는 밤마다 신중하게 강도 확인을 했다고 생각하고 새벽 3시에 알람을 설정하지 않았다. 그건 계획 일부가 아니었다. 그렇다면 왜 지금 그렇게 해야 하는 걸까? 단지 어떤 생각이 떠올랐기 때문에? 혹시 모를 재앙을 상상할 수 있어서? 아니면 잠깐 어떤 가상의 알 수 없는 가능성이 떠올라 내 주의를 끌었기 때문에?

상상 속으로 몰입될 때 현재 순간으로 자기 자신을 되돌려 놓는 것이 도움이 될 수 있다. 지금 이 순간으로 돌아와 자기 자신을 안정시킨다면 주변 상황을 더 잘 평가할 수 있다. 당신은 실제로 물속에서 상어를 보았는가? 정말로 상사가 가혹한 피드백을 주었는가? 집에 침입자의 징후가 보였는가? 아니면 그 의심은 그저 상상 속 가능성을 바탕으로 만들어진 것은 아닌가?

여러 측면에서 지금까지 우리가 살펴본 것은 사실 자기 자신을 믿는 법을 배우는 연습이었다. 분석이나 정신적 시연을 할 필요 없이 자신의 감각과 직감, 그 순간에 머물면서 그때그때의 선택을 해내는 능력을 믿는 연습이었다. 흔히 길을 건널 때 우리는 주변의 소리를 듣거나 다가오는 차를 확인하는 등 자신의 감각을 믿고 따라간다. 충돌을 상상하거나 참담한 자동차 사고 이야기에 대한 기억은 길을 건널지 말지를 결정하는 순간에 아무런 영향을 미치지 않는다. 사실 그런 것들이 결정에 영향을 미치는 것을 두고 보는 것은 아마도 약간 무모한 일일 것이다.

우리의 목표는 걱정의 내용에서 벗어나는 것이다. 앞서 불안과 걱정을 지속시키는 불필요한 믿음에 도전하면서 메타인지적 믿음을 인식하는 법을 배웠다. 이번에도 마찬가지로 메타인지적 믿음을 인식하는 법을 다루지만 더 중점을 둔 부분은 의심에서부터 형성되어 불안을 이끄는 추론 과정이었다. 의심에 대한 반응을 결정하는 데 바탕이 되는 증거들의 원천을 살펴보았다. 배심원단이 상황 증거나 전문 지식을 바탕으로 누군가를 유죄로 판단하기가 어렵듯 우리도 결론에 이르는 방법에 대한 기준을 세우고 유지하기 위해 노력해야 한다.

유명한 사고 실험인 슈뢰딩거의 고양이Schrödinger's cat가 떠오른다. 이 역설은 양자 물리학을 포함하고 있어 간단히 설명하면 슈뢰딩거는 치명적인 물질과 함께 고양이를 상자에 봉인하는 실험을 했다. 슈뢰딩거는 반감하는 동위원소를 구상했는데 이 동위원소는 가이거 계수기Geiger counter에 감지되어 유해 가스가 방출된다는 알림을 보낸다. 여기서는 쉽게 이를 독이 든 고양이 사료라고 하자. 한 시간이 지나면 상자를 열어서 고양이가 살았는지 죽었는지 알아볼 수 있다. 하지만 상자가 밀봉해 있는 한 이 두 가지 가능성은 모두 존재한다. 이와 마찬가지로 우리의 두려움은 머릿속에 남아 있는 한 계속해서 모호한 상태로 남아 있을 것이다. 슈뢰딩거의 불쌍한 고양이에 대한 두 가지 결과를 모두 상상할 수 있듯 우리는 얼마든지 머릿속에서 두려움들을 뒤집어 볼 수 있다. 그렇게 하지 못한다면 상상 속 가능성에서 벗어나서 생각할 수가 없다. 대신 우리의 목표는 현재 순간으로 돌아와 지금 당장 상자를 여는 것에 중점을 두어야 한다. 문제는 의심의 존재 자체가 아니라 우리가 현실이 아닌 상상 속에서 의심을 해결하려고 한다는 데 있다.

이어서 지금까지 배운 메타인지적 도구를 계속 활용하여 가치관을 명확히 하고, 걱정이나 불안이 우리의 행동을 결정하는 것이 아닌 우리 자신이 중요하게 생각하는 가치와 일치하는 삶을 사는 데 어떻게 도움이 되는지 알아볼 것이다.

나를알아야걱정에
휘둘리지않는다

인생에서 우리 자신만의 이유가 있다면
우리는 어떻게든 살아 나갈 수 있다.

- 프리드리히 니체, 《우상의 황혼》 중에서

걱정은 다른 모습을 가장하고 나타날 수 있다. 얼핏 문제를 해결하는 데 도움을 주는 듯 보이지만 당신이 결국 우유부단함에 갇혀 반추하게 만든다. 때로는 재난 대비에 도움이 되는 것처럼 보이지만 과한 예상에 압도되고 불안해지게 한다. 도움이 되는 도구에서 무의미한 노력에 이르는 이러한 변화는 걱정하기의 은밀한 측면 중 하나다.

게다가 이 문제는 한 단계 더 나아갈 수도 있다. 선한 의도에서 시작해 유용한 목적을 가졌던 걱정하기는 걱정이 안전을 보장하는 이로운 장치라는 잘못된 믿음으로 이어지기 때문이다. 이는 걱정하기에 관한 긍정적 믿음 중 하나다.

이러한 믿음의 한 측면은 특히 문제가 될 수 있는데 바로 걱정하는 것이 당신의 가치관과 일치한다는 믿음이다. 이는 다음과 같이 나타날 수 있다.

- 걱정하지 않는다면 나는 어떤 사람이 될까?
- 걱정하지 않는데 어떻게 책임감 있고 배려심 있는 사람이 될 수 있을까?
- 사랑하는 사람들을 걱정하는 일은 내가 그들을 소중히 여긴다는 것을 보여주지 않을까?

때로는 걱정하는 목적이 당신의 가치관을 추구하기 위한 일처럼 보일 수 있다. 말하자면 사랑과 관심을 표현하는 하나의 방법이 되는 것이다. 하지만 걱정하기는 자기중심적이다. 나 자신을 위한 것이지 다른 사람을 위한 것이 아니라는 의미다. 걱정하기는 나의 감정을 조절하고, 내가 상대에게 관심을 주고 있다고 느끼기 위한 (도움이 되지 않는) 방법일 뿐이다. 생각해 보자. 너무 늦게까지 귀가하지 않는 자녀를 걱정하는 일이 실제로 그들을 보호해 줄까? 부모의 걱정이 결과를 바꾸게 될까? 아니면 그저 불확실성과 두려움을 정신적으로 해결하려고 애쓰는 부모만의 방식일 뿐일까? 그런 상황에서는 머릿속에서만 할 수 있는 결과를 바꿀 만한 일이 별로 없다. 자녀에게 전화를 걸거나 휴대폰을 추적하거나 자녀의 친구에게 전화를 걸어볼 수 있고 혹은 직접 찾아 나설 수도 있다. 하지만 이 모든 것도 그저 현재 상황에 대한 정보를 조금 더 줄 뿐이지 일어난 일을 바꾸지는 못한다. 선한 가치관과 올바른 판단력을 가르치는 것, 밤 운전을 연습해 놓는 것, 자녀가 자연스럽게 도움 요청을 할 수 있도록 신뢰 관계를 만들어 놓는 것 등 실제 예방책은 미리 실행되었어야 한다. 그런데 이 모든 것 역시 위험을 피할 수 있게는 만들지만 당장 무언가를 해주지는 않는다. 그러기에는 너무 늦었다. 그래서 대신 부모는 고민을 하게 된다. 효과적인 도구가 없는 상황에서 비효율적인 생각들에 만족하며 스스로 유용한 일을 하는 중이며 자녀에게 상당히 신경 쓰고 있는 듯한 환상을 유지하려고 노력하게 되는 것이다. 좋은 부모가 되겠다는 목표가 있고, 걱정하기는 그 목표로 가는 빠른 길처럼 보인다. 하지만 실제로는 두려움을 달래기 위해 답을 찾으려는 시도일 뿐이다.

여기서 가치가 등장한다. 가치는 어려운 순간을 안내할 나침반을 찾는 데 도움이 된다. 만약 스쳐 지나가는 생각이나 감정과 같은 덧없는 것들에 행동을 일치시키기로 선택한다면 이는 구름을 기준 삼아 선박을 조종하는 일과 같다. 진정한 항로도, 방향도 없다. 구름은 흘러갈 것이고, 선박의 항로도 그와 같이 흘러갈 것이다. 그러나 견고하고 고정된 어떤 것, 즉 나침반이나 북극성을 기준으로 항해한다면 일관된 방향을 찾을 수 있다. 행동을 가치관과 일치시킨다면 감정적인 구름이 주변에서 움직이고 있을 때도 변함없이 항로를 유지할 수 있다. 그러므로 부모의 질문은 "내 아이가 괜찮은가?"가 되어서는 안 된다. "나는 어떤 부모가 되고 싶은가?", "나는 신뢰 받는 부모인가?", "어떻게 하면 내가 그리는 이상적인 부모상과 일치하는 방식으로 관심과 배려를 표현할 수 있을까?", "자녀에게 도움을 주는 것과 독립성을 길러 주는 것에서 가장 유용한 균형점은 어디일까?"와 같은 것들이어야 한다. 궁극적으로 가치란 뒤로 한 발짝 물러서서 세상과 주변 사람들에게 자신을 어떻게 보이고 싶은지를 스스로 평가하고 결정하는 것이다.

⫸ '내가 원하는 나'로 이끌어주는 설계도 ⫷

가치는 스스로 어떤 사람이 되고 싶은지를 알려주는 기본 원칙이다. 집을 짓는 데 설계도가 도움을 주듯, 가치는 자기 자신과 일치하는 방식으로 세상을 살아가도록 도와준다. 한마디로 우리가 의미를 찾고 만족감을 느끼며 스스로 원하는 사람이 되게 이끄는 방법이다. 가치는 목표도, 성취물도 아니다. 결코 손에 쥘 수 없는 것이다. 우리가 되고자 하는 사람이 누구이며 어떻게 되고 싶은지를 이야기한다. 예를 들어 내가 글을 쓰는 동안의 목표는 책을 펴내는 일이고, 나의 가치는 다른 사람을 돕는 것이다.

목표	가치
구체적, 측정 가능한, 성취 가능한	주관적, 성취 불가능한
실행하는 행위	구현하는 원리
성취할 수 있는	지속적인, 무기한
가치를 나누고 운영하는 데 필요한 도구	방향을 제시하는 데 필요한 기준
(예) 대학 졸업하기	(예) 탐구심, 전문성, 책임감

아이들이 어렸을 때 나와 아내는 외출할 일이 있으면 베이비시터에게 아이들을 맡기면서 늘 지시사항을 남겼다. 항상 너무 장황하고 상세해서 아마 대부분의 베이비시터는 읽지도 않았을 것이다. 예를 들어 '아이들은 자기 전에 이야기와 노래를 듣는 걸 좋아해요', '백색소음 기계를 꼭 켜놓으세요', '강아지가 음식을 달라고 해도 그냥 무시하세요. 이미 먹었는데도 식욕이 엄청난 강아지거든요' 같은 말들을 적었다. 이러한 지침들은 베이비시터가 고생하지 않고, 아이들이 반감을 느끼는 것을 최소화하며 가능한 평온한 저녁이 되도록 하려는 노력의 일환이었다. 하지만 이는 진짜 양육 설계도는 아니었다. 단지 번거롭지

않은 밤을 보내기 위한 임시방편일 뿐이다.

만약 지시사항을 장기적인 목표처럼 쓴다면 어떻게 될까? 단지 베이비시터에게 전하는 지시사항이 아니라 앞으로 자녀를 돌볼 사람을 위한 우리 부부의 유언장이었다면? 아마도 '힘들어도 친절하게 대해 주세요'나 '아이들이 꿈을 좇도록 격려해 주세요', '아이들이 양키스 팬이 되면 유산을 상속받기 힘들 거라고 말해 주세요'와 같은 말들을 적을 가능성이 크다. 마지막 말은 우스갯소리라 치고, 이것이 무슨 뜻인지 이해했을 것이다. 베이비시터에게 주는 지시사항은 편의와 편안함을 위한 것이지만 유언장은 일련의 가치에 따라 살도록 하는 설계도다. 그래서 상대적으로 보잘것없는 일상적인 세부 사항보다는 진정으로 중요한 가치들을 우선시하고 있다.

그렇다고 해도 가치를 우선시하도록 만드는 일은 어려울 수있다. 우리는 대부분 목표를 생각하는 것에 더 익숙하고, 구체적인 성취나 이상적인 상황에 대해 생각하는 것을 더 편하게 느낀다. 말하자면 "어떤 사람이 되고 싶나요?"라는 질문보다 "어른이 되면 무엇이 되고 싶나요?"라는 질문에 더 초점을 맞추는 식이다. 이런 사고방식이 너무 뿌리 깊게 박혀 있는 탓에 자신의 가치가 무엇인지 가늠하는 일조차 어렵게 느껴진다. 그래서 흔히 "다른 사람들과의 관계가 중요하다.", "세상을 더 공정하게 만드는 것이 중요하다"라는 답을 내놓는 대신 "나는 가족을 원한다.", "나는 변호사가 되고 싶다."와 같은 말들을 하는 것이다. 우리는 자기 자신의 가치가 무엇인지를 명확히 하는 데 시간을 투자해야 한다.

⫸⫸ **중요한 것 사이의 틈새를 대하는 자세** ⫷⫷

때로는 나 자신에게 정말로 중요한 것이 무엇인지 정확히 파악하기 어려울 수 있다. 세상에는 너무나 다양한 원칙과 도덕적 기준이 있어서 그 모든 것에 어떤 이치나 근거를 찾으려고 하는 시도는 상당히 벅차게 느껴진다. 나의 가치가 무엇인지 이해하는 방법 하나는 분류를 해보는 것이다.

지금부터 나만의 가치 목록을 만들어 보자. 다음의 목록을 참고하되 자신만의 가치를 자유롭게 추가한다. 각각의 가치는 한 장의 메모지나 색인 카드에 적어라. 이 단계를 건너뛰고 머릿속에서만 하고 싶은 마음이 들 수 있지만 직접 써보고 만들면서 약간 어렵게 고민해보는 편이 더 효과적이다. 그런 후에 적은 것들을 '매우 중요한', '중요한', '중요하지 않은'으로 분류한다. 이 평가는 변할 수 있다. 강제적인 것이 아니므로 과감하게 결정을 내려라. 시간이 지나면서 생각은 바뀔 수 있고 그에 따른 답도 바뀔 수 있다. 그래도 괜찮다.

우수한	탁월함	개인 성장	성취	공정	권력
적응력	가족	자존심	모험	유연성	시간 준수
이타주의	친절	인정	야망	검소함	존경
단호함	즐거움	책임감	진정성	관대함	안전
소속감	감사	자신감	용기	정직	자기이해
헌신	겸손	독립성	소통	포용심	자기존중
자비	혁신	봉사	협력	진실성	능숙함
용기	충성심	종교	창의성	자연	지속가능성
호기심	관계	전통	신뢰성	질서	신용
다양성	열정	창의성	교육	인내	유용성
효율성	끈기	부			

서로 상충하는 가치를 지닌 부분에 주목하자. 이를테면 독립성을 강조하면서도 타인과의 관계를 중요시할 수 있다. 또는 창의성과 유연성을 원하면서도 질서와 책임감을 가치 있게 여길 수도 있다. 삶에서 맞닥뜨리는 다양한 어려움, 즉 우리를 끝없는 분석에 빠뜨리는 여러 딜레마는 바로 이런 모순된 가치들 때문일 수 있다. 정직함을 중요시한다면 새로운 헤어스타일을 한 친구에게 이상하다고 말하겠지만 타인에 대한 배려를 중요시한다면 친구에게 상처를 주지 않기 위해 말을 참을 것이다. 성취를 중요시한다면 직장에서 일을 완벽하게 처리하기 위해 최

선을 다할 것이고, 지속가능성을 중요시한다면 휴식과 일의 균형을 우선시할 것이다.

이런 순간에 우리는 어떤 것을 선택할지, 어떤 것이 '옳은' 답이 될지 알아내고 싶은 마음이 간절하다. 그러나 현실적으로 시간은 한정되어 있고 약간의 타협을 해야 한다. 어떻게든 두 가지 선택을 할 수 있기를 바라지만 인생에서는 하나의 길로만 나아가야 한다. 그리고 어떤 선택도 우리의 가치를 완벽하게 포착할 수 없다는 사실을 깨닫고 어느 정도의 실망감을 받아들여야 한다. 우리가 중요시하는 가치 사이에는 불일치가 발생할 것이고, 메우고 싶은 틈새가 생길 것이다. 이는 옳고 그름이 아니라 두 가지 선택지 모두 고유의 독특한 장단점을 포함하고 있다는 것이다.

나의 경우, 친구들과 더 많은 시간을 보낼 수 있으면 좋겠다고 생각한다. 관계를 중요시하기 때문이다. 하지만 자녀가 어리기 때문에 내 에너지의 대부분을 아이들에게 써야 하는 시기이며 이는 내가 소중히 여기는 다른 가치들을 대가로 치러야 한다는 의미임을 알고 있다. 한 가지 선택이 다른 선택의 희생을 바탕으로 하는 '제로섬 게임'인 것이다. 당신이 바라는 것처럼 나역시 우주의 섭리를 깨뜨리고 한 번에 두 가지 가치를 모두 추구하고 또 선택할 수 있으면 좋겠다고 생각한다. 하지만 안타깝게도 우리는 모두 불완전한 선택을 하나씩 차례로 실행하면서 삶을 헤쳐 나가야 할 것이다.

가치 분류 활동은 자신에게 어느 정도 방향을 제시해주는 좋은 방법이다. 완벽한 공식은 아니지만 이상적으로 볼 때 우리 삶은 어느 정도 자신의 가치를 반영하게 될 것이다. 각 가치에 할애한 시간은 그 가치가 자신에게 얼마나 중요한지에 비례할 것이다. 선택을 마친 후에 반드시 안도감과 편안한 느낌을 받지 않을 수도 있다. 여전히 두 가지 선택을 동시에 할 수 있기를 갈망할 수 있다. 하지만 우리는 가치를 지침 삼아서 나아가면 결국 목적지에 도달하리라고 믿으며 길을 개척해 나가는 고통을 감내해야 한다.

ⅲⅲⅲⅲ 가치에 가까워지거나 멀어지거나 ⅲⅲⅲⅲ

상담 중 목격하게 되는 내담자들의 큰 오해 중 하나는 원치 않는 생각이나 감정을 없애는 일이 원하는 삶을 살기 위한 필수 조건이라고 믿는 것이다. 그들은 성가신 감정들만 극복해내면 모든 문이 열리고 마침내 꿈을 좇을 수 있으리라고 생각한다. 슬프게도 우리 뇌는 생각과 감정이 끊임없이 공급되는 곳이다. 시시포스가 영원히 산 정상에 바위를 올려야 하는 것만큼이나 생각과 감정을 정복한다는 것은 불가능한 일이다. 더 노력하면 할수록 인생에서 더 많은 시간과 에너지를 뺏길 뿐이다. 가장 좋은 방법은 이 패러다임을 뒤집는 것이다. 삶을 멈추고 생각과 감정이 가라앉을 때까지 기다리는 대신 일단 계속 살아 나가는 것이다. 생각과 감정이 나타나는 대로 두되 그 흐름이 우리 삶을 꾸려나가는 과정을 좌지우지하는 일을 허용해서는 안 된다.

믿기 힘들겠지만 내가 만난 많은 내담자가 이렇게 말했다. "성공적인 치료는 사실상 더 많은 불안을 경험했다는 것을 의미한다."라고 말이다! 이는 그들이 주어진 조건에 따라 사는 삶을 기꺼이 받아들이고 위험을 감수하면서 그에 따른 불편함을 열린 마음으로 받아들였기 때문이다. 그리고 그들은 더 이상 불안이 두려워서 도전을 피하지 않게 되었다. 더 많은 불안이 더 많은 기능 장애와 동의어가 아니라는 사실을 알아야 한다. 더 쉽게 불안함을 느낀다고 해도 의미 있고 중요한 가치와 일치하는 삶을 사는 사람이 될 수 있다.

아마도 당신은 모든 것을 더 기분 좋게 만들라는 메시지들에 둘러싸여 살고 있을 것이다. 마치 모든 증상을 즉시 완화하여 더없이 행복하고 빛나는 삶을 살라는 의약 광고처럼 말이다. 하지만 아무도 그런 환희 상태를 영원히 지속할 수 없다. 우리는 모두 고통과 슬픔 그리고 불안을 느낄 것이다. 이는 지구상에 존재하는 우리에게 당연한 삶의 일부분이다. 우리가 할 수 있는 최선의 선택은 자신의 중요한 가치를 향해 나아가면서 고통과 공존하는 법을 배우고 그 영향을 최소화하는 것이다. 그 과정에서 우리가 하는 행동 하나하나가 가치에 더 가까워지게 하거나 멀어지게 만들 것이다. 매 순간이 삶을 어떻게 꾸려갈지 결정할 수 있는 선택 지점이다. 이때 당신은 가치를 나침반으로 사용할 것인가? 아니면 다른 무언가를 사용할 것인가?

좋은 친구 되기의 가치를 생각해보자. 이를 향해 나아가게 하는 행동은 무엇인가? 반대로 그 가치로부터 멀어지게 하는 행동에는 무엇이 있을까?

가까워지는 행동	멀어지는 행동
친구들과 시간을 보내며 현재를 살기	약속 취소하기
소통에 응답하기	답장하는 것 깜빡하기
지지하고 지지받기	지나친 재확신·조언 구하기
타인에 대한 친절과 배려 실천하기	자기 내적 경험에 몰두하며 타인에 대한 주의를 소홀히 하기

오늘의 실천

자신의 가치 목록에서 하나를 선택하여 그 가치에 가까워지는 행동과 멀어지는 행동이 무엇인지 작성해보자. 마찬가지로 이를 위해 필요한 작성 양식을 만들어 두었으니 앞서 언급한 웹사이트(newharbinger.com/52144)에서 다운로드길 바란다.

그 가치를 구체화하기 위해 최근 무엇을 하고 있는가? 가치에서 멀어지는 행동을 하고 있는 것은 없는가? 자신의 가치와 행동을 일치시키기 위해 기꺼이 할 수 있는 일은 무엇인가? 불편한 감정을 경험할 준비? 불편한 생각이나 의심을 유발할 수 있는 상황에서 필요한 열린 마음? 자신의 가치로부터 멀어지면서 항상 불편함을 느낀다면 삶은 어떻게 되겠는가? 반대로 항상 가치를 향해 나아간다면 삶은 어떤 모습이겠는가?

¦¦¦¦¦¦ 걱정이 내 삶을 막지 않으려면 ¦¦¦¦¦¦

가치를 분류한 후에도 이를 어떻게 실천해야 할지 고민될 수 있다. 이 모호한 개념들을 어떻게 받아들이고 실행에 옮겨야 할까? 지금부터 당신의 가치를 좀 더 구체적인 행동으로 전환하는 방법을 살펴보겠다.

고민은 그만, 일단 시작하자

여기서 목표는 가치에 가까워지는 실천 가능한 행동들을 연습하는 것이다. 예를 들어 창의성이라는 가치를 갖고 있다면 그림 그리기를 목표로 할 수 있다. 이에 따른 행동은 그림 수업 등록하기, 그림 용품 구매하기, 주변 예술가와 대화하기, 미술관 방문하기 등이 있다. 크고 포괄적인 가치들은 다소 어렵게 느껴지므로 더 작은 구성 요소로 나누는 것이 좋다.

하지만 그렇게 시작하려면 먼저 목표를 세워야 한다. 어떤 행동이 기쁨이나 만족감을 느끼게 할지 가늠하느라 꼼짝하지 못한 채 고민만 하지 말고 일단 행동을 시작하자. 그런 다음 행동에 몰입해야 한다. 호기심을 가지고 열린 마음으로 행동을 실천하면서 경험하는 것들에 개인적인 판단을 내리는 일은 피하도록 하자. 어떤 특정 행동을 선택했든 이를 실험이라고 생각하자. 활동에 참여하면서 현재에 집중하도록 노력하자. 그 활동이 당신에게 만족스러운지 평가할 시간이 계속 생기겠지만 하는 동안에는 잠시나마 분석의 끈을 내려놓으려고 노력해야 한다. 선택한 가치가 자신에게 아주 적합하다고 결론지을 수도 있고, 궁극적으로 목표를 놓쳤다고 판단할 수도 있다. 중요한 것은 '올바른' 선택을 하려는 마음이 행동을 막지 못하게 하는 것이다. 올바른 활동(예를 들어 완벽한 취미, 좋은 직업, 이상적인 배우자 등)을 선택하려고 집착하는 것은 대개 우리가 행동을 취하지 못하게 만든다. 이는 너무 높은 장애물이 되어 시작조차 못 하게 만들 수 있다. 가치를 향해 나아가기 시작할 때 우리의 나침반이 결국 우리를 올바른 방향으로 이끌어 줄 거라고 믿으면서 새로운 경험과 불편한 경험에 마음을 여는 자세가 중요하다. 그러니 세세한 사항에 너무 빠져들지 말자. 조건을 많이 달지 말고 일단 활동에 집중하자. 활동을 재미없게 만드는 확실한 방법은 그 일을 스스로 즐기고 있는지 아닌지 평가하는 데 시간을 보내는 것이다. 열린 마음으로 호기심을 갖고 그저 경험에 빠져보자.

가치 사이에 균형을 찾아야 한다
자기 자신에게 중요한 가치들을 발견하면 이제 걱정이 자리

잡기 시작한다. 사소하거나 무의미한 영역에서 걱정이 생기면 무시하면 되지만 정말 중요한 것들에 침투하기 시작하면 어떻게 해야 할까?

예를 들어 양심적인 사람이 되는 것에 가치를 두고 기후 변화를 걱정한다고 가정해보자. 지구 온난화가 문제일까? 절대 그렇다! 그럼 그 생각이 떠오를 때마다 문제를 해결하려고 해야 할까? 혹은 지구 온난화를 생각하게 될 때마다 병을 재활용하는 일에 시급해져야 할 필요가 있을까? 절대 그렇지 않다! 당신은 이 문제에 어떻게 대응하고, 어떻게 반응할지를 결정할 주체다. 그러므로 자신의 가치에 부합하는 방식을 찾을 수 있다. 실제로 이 걱정에 부합하는 가치를 가지고 있을 수 있다. 이를테면 지구를 보호하는 것이 중요하다고 느끼거나 미래 세대를 돌보는 것을 가치 있다고 여길 수 있다. 우리는 의도를 가지고 행동할 수 있으며 이러한 가치들과 일치하는 삶을 살기 위해 어떤 대응 전략을 사용할지 결정할 수 있다.

하지만 우리는 어디쯤에서는 선을 그어야 한다는 사실을 받아들여야 한다. 모든 것을 할 수는 없다. 혼자서는 지구를 구할 수 없다. 따라서 이 문제를 자신의 삶에 얼마만큼 할당할 것인지 결정해야 한다. 다른 가치에도 관심을 기울이면서도 이 문제에 관여하기 위해서 삶을 어떤 비율로 나누어 구축할 것인가? 나의 경우, 탄소 발자국을 최소화하고 싶지만 적절한 대중

교통 수단이 없는 곳에 거주하기 때문에 아이들을 데리고 다닐 미니밴이 필요하다. 지구도 중요하지만 가족들에게 적절한 편의를 제공하는 것도 중요하게 생각하기 때문이다. 이렇게 정한 선을 수용하는 것이 중요하다. 문득문득 떠오른 생각이 그 문제를 해결하라고 우리의 발목을 잡을 때마다 그 선을 지키고 있어야만 하기 때문이다. 생각에 답하는 것이 아니라 가치에 답해야 한다. 우리가 할 일은 자신의 가치가 문제에 어떻게 대응하도록 규정하는지를 살펴보는 것이다.

나는 스펙트럼으로 상상하기를 좋아한다. 문제의 스펙트럼 한쪽 끝에서 나는 스티로폼 궁전에 살면서 낡은 플라스틱을 태워 따뜻하게 지내고 쓰레기를 바다에 버린다. 다른 한쪽 끝에 있는 나는 월든 연못의 '소로'로, 쓰레기와 배출물을 전혀 발생시키지 않고 숲속에 사는 한 사람일 뿐이다. 이 두 극단 사이에는 온난화에 시달리는 지구를 어떻게 인식하며 살 것인가에 관한 수만 가지의 변형(방법)이 존재한다. 스펙트럼의 각 지점은 타협점이며, 다른 경쟁하는 가치들과 멀어질 수도 있고, 가까워질 수도 있다. 지구를 생각하는 일은 편리함과 편안함이라는 가치에서 한 걸음 멀어지는 일이다. 머릿속에서 계속 충분히 많이 생각하다 보면 모든 가치를 얻을 수 있는 쉬운 선택으로 좁혀나갈 수 있고 정리 가능하다고 말할 수 있으면 좋겠다. 하지만 때로는 어렵고 불완전한 선택을 할 수밖에 없다. 한 걸음 더 나아가 말하자면 사실 우리가 하는 모든 선택은 틀에 맞출 수밖에 없다. 즉 모든 행동은 타협이다. 우리가 할 수 있는 최선은 가치 사이에 균형을 찾고 그와 조화를 이루는, 불완전할 수밖에 없는 힘든 선택을 하는 것이다.

오늘의 실천

자신의 흔한 걱정 중 하나를 찾아보자. 그리고 그 걱정이 자신의 가치와 실제로 겹치는 부분에 주목해보자. 그 걱정은 어떤 면에서 당신에게 의미 있고 중요할 것이다.

이제 종이 위에 스펙트럼을 상상하며 선 하나를 그리고 양쪽 끝에 양극단을 표시한다. 이 스펙트럼의 각 지점에서 선택한 응답은 또 다른 가치나 관심사에 대한 기회비용이 발생할 것이다. 이는 우리가 가지고 있는 모든 고민과 가치에 적용되는 사실이다. 우리는 어디에 선을 그을지에 대한 선택을 해야 하며 한 가지 가치에만 주의를 기울이는 것이 아니라 다른 가치와 균형을 이루도록 고민해야 한다.

이제 이 문제에 어떻게 대응해야 할지를 두고 가치에 입각한 선택을 할 수 있는지 확인해보자. 의식적으로 스스로 하게 될 타협을 인정하는 연습을 해야 한다. 그 과정이 고통스러운 감정을 불러일으킬 수도 있고, 어쩌면 모든 것을 추구할 수 없어 안타까운 마음이 들 수도 있다. 하지만 이런 감정을 느끼면서도 당신은 여전히 자신의 삶에 맞는 균형 잡힌 가치 방정식에 맞춰 행동을 조절할 수 있다. 기억할 것은 선택하지 않는 것 또한 하나의 선택이라는 점이다. 분석에 갇혀 아무것도 하지 않고 있다면 이는 가치에 따른 진짜 삶을 사는 것에서 멀어지는 데 시간을 허비하는 것이다.

생각, 감정보다 가치에 집중할 것

내 딸은 용에 정말 관심이 많다. 용에 관한 책, 영화, 게임, TV 프로그램, 장난감 등 완전히 용에 빠져 있다. 딸아이는 용에 대해서라면 몇 시간이라도 이야기할 수 있을 것이다. 나도 평범한 수준에서 용을 좋아하지만 이제 용에 대한 흥미를 잃기 시작할 수 있다. 가끔은 지루하다고 여길 수도 있으며 어쩌면 더 이상 용에 관해서는 절대로 다시 듣고 싶지 않을 수도 있다. 그렇다면 잠자리에서 딸아이가 슬리더윙 용과 스내플팡 용이 어떻게 다른지 설명하고 싶어 할 때 내가 어떻게 해야 한다고 생각하는가? 아이에게 지루하다고 말할까? 하품하면서 흥미 있는 척하려고 인내심을 발휘하는 중이라고 말해야 할까? 아니, 그렇지 않다. 사실 그 순간에 중요한 것은 내 감정이 아니기 때문이다. 물론 나의 감정은 유효하며 때때로 감정이 경험에 더 중요한 상황들도 분명 있다. 하지만 이 상황에서 내 감정은 상호작용에 있어서 의미 있는 것이 아니다. 중요한 것은 내가 아이의 열정을 지지한다는 사실을 보여주는 것이다. 나는 이 행동을 통해 현실에 충실하면서도 아이가 나에게 중요한 존재라는 사실을 보여줄 수 있다. 아이의 세계를 함께 나누며 그 호기심과 흥미를 격려하는 것이다. 간단히 말해서 핵심은 내가 부모로서 어떤 모습이 되고 싶은지에 관한 것이지 대화가 재미있는지에 관한 것이 아니다.

경험한 일에 대한 생각과 감정에 빠져들기 쉽다. 원치 않는 생각이나 불편한 감정이 활동을 망치는 것은 좌절할 만한 일이다. 비효율적인 것, 실수한 것 혹은 잘되지 않는 세부 사항에 연연할 수도 있다. 그러나 스스로 이런 질문을 해봐야 한다. '이 경험에 그런 생각과 감정이 중요했는가?' 내가 만약 핵발전소를 담당하고 있다면 분명 실수하지 않는 것에 가치를 둘 것이다. 하지만 해변으로 여행을 가면서 비치 체어를 잊었다거나 차에 모래가 들어가게 했다면? 이런 것들은 해변에서 진정으로 중요한 것이 아니다! 여행은 완벽을 연습하는 시간이 아니라 가족과 함께하거나 자연과 소통하면서 혹은 서핑하면서 보내는 휴식시간이다. 우리의 생각은 종종 너무 세부적인 것에 집착하게 만든다. 이때 기억할 것은 비판적인 렌즈를 사용하여 그 세부 사항들이 실제로 중요한지 또는 우리의 가치와 관련이 있는지를 걸러내야 한다는 것이다.

오늘의 실천

그때그때 상황에 맞게 가치 필터를 적용하는 것이 가장 좋지만 종종 활동을 시작하기 전에 미리 연습하는 것이 훨씬 더 도움 될 수 있다. 예를 들어 내가 아이를 재우기 전에 나와 아이의 상호작용에서 중요한 점이 무엇인지 스스로 되새긴다면 그 가치에 더 부합하게 행동할 가능성은 훨씬 커지는 한편 떠오르는 생각과 감정에 휩쓸릴 가능성은 훨씬 작아질 것이다. 만약 당신이 세부 사항이나 실수, 계획에 대해 걱정하는 경향이 있다면 활동을 시작하기 전에 '상위 세 가지 가치 목록'을 만들어보자. 해당 경험에서 가장 중요한 세 가지는 무엇인가? 이 활동을 통해 연결되는 기본 가치는 무엇인가? 활동을 시작하기에 앞서 이 가치들을 확인하자. 이렇게 하면 중요한 가치를 지키는 한편 상위 세 가지에 포함되지 않는 세부 사항들은 내려놓을 수 있게 된다. 나의 '열렬한 용 마니아'와 함께하는 잠자리 루틴은 다음과 같다.

1. 나에게 아이의 존재가 중요하다는 것을 보여주기
    (가치: 관계, 타인 돌보기)
2. 질문을 하고 대답을 듣는 것으로 흥미를 나타내기
    (가치: 호기심, 유연성, 인내심)
3. 친절하게 행동하기(가치: 타인 돌보기, 성장 환경 만들기)

위의 각 항목은 어떤 희생이 필요하다. 이를테면 나는 하루를 마무리하며 정리할 게 남아 있더라도 아이의 잠자리에 함께해야 할 것이다. 지루하거나 피곤하더라도 계속 대화를 해야 할 수도 있으며, 종종 답답할 때가 있어도 친절히 대해야 한다. 이렇게 한쪽 끝에 남아 있는 생각과 감정들은 경험의 일부이며, 복잡한 삶에서 피할 수 없는 부분이다. 우리는 이런 혼란을 해결하려고 노력하기보다는 새로운 관점으로 혼란을 다르게 다룰 수 있다. 바로 그 혼란스러운 상황에서 중요한 부분과 중요하지 않은 부분을 인식하는 것이다. 이를 항상 완벽하게 해내지는 못할 것이다(나 역시 그렇다). 하지만 가치를 비율적으로 계산하는 것은 중요한 것에 우선순위를 둘 수 있게 하며 시간을 낭비하게 만드는 중요하지 않은 세부 사항들은 무시하도록 돕는다.

지금까지 걱정하기에 관한 인식을 증진시키고, 걱정과 관련되는 방식을 바꾸는 데 중점을 두었다. 걱정하기에 대한 유용하

지 않은 믿음을 인지하는 법, 걱정에 몰입하게 되는 과정을 파악하는 법 그리고 가치 있는 행동에서 걱정하기를 구별해내는 법까지 알아보았다. 이어서 우리가 걱정과 관련되는 방식에서 나아가 걱정에 반응하는 방식으로 초점을 옮길 것이다. 행동 원리를 사용하여 반추와 불안에서 벗어날 수 있는 전략을 세울 수 있도록 도움을 줄 것이다.

Chapter 3

하루 한 걸음씩,
걱정 다루기 연습

어떻게 받아들이고
어떻게 다룰 것인가

경험의 가시 하나는 경고의 광활한 황야 전체와 같다.

- 제임스 러셀 로웰*James Russell Lowell*, 《**나의 장서** *Among My Books*》 중에서

우리는 모두 어느 정도 자신의 인식에 갇혀 있다. 경험은 마음의 테두리를 벗어나지 않으므로 우리 자신이 아닌 다른 어떤 관점에서 세상을 볼 순 없다. 머릿속에서 일어나는 일은 자기만의 고유한 것이다. 그 결과 많은 사람이 내적 경험을 명확히 정의하지 않으며 이러한 정신적 현상에 이름이나 꼬리표를 붙여 분류하지도 않는다. 그저 경험적으로 마음이 어떻게 작동하는지 알 뿐이다. 침대에 누워 잠을 청할 때 자신의 머릿속에서 어떤 일이 일어나는지 알 수는 있어도, 다른 사람의 정신적 과정과

직접 비교해볼 수는 없기 때문에 내적 경험들은 흐릿하고 불분명한 채로 남는 경우가 대다수다.

더 효과적으로 자신의 마음과 상호작용하려면 정신적 과정을 더 정확하게 파악해야 한다. 우리는 이런 개념들을 다듬고 이름을 붙이는 것으로 통제할 수 있는 부분과 할 수 없는 부분, 즉 도움이 되는 부분과 시간을 낭비하는 부분으로 구분할 수 있다. 여기서는 인식과 주의, 참여라는 세 가지 부분을 중점적으로 살펴볼 것이다.

⫙⫙⫙ 걱정의 존재를 알아차리는 것, '인식' ⫙⫙⫙

인식은 정신적 과정 용어 중에서 가장 포괄적인 것으로, 우리가 주변을 알아차릴 수 있는 능력을 뜻한다. 순간순간 뇌에 쏟아지는 광범위한 입력 데이터를 마음이 인식하는 것이다. 삶을 살아가는 동안 정보는 항상 우리의 인식 안팎을 떠돌고 있다. 가공되지 않은 데이터라고 생각할 수 있는데 어떤 해석 없이는 그 자체로 분석되지 않고 초점을 두지도 않는 무의미한 상태라고 할 수 있다. 이는 우리 마음의 뷰파인더로 들어오는 주변 모습, 환경, 상황과 같은 외부 자극들을 뜻한다. 하지만 우리의 감각 경험, 생각, 감정, 욕구, 충동 및 신체 감각에 주목하는 것은 내적인 것이기도 하다. 인식은 의사가 해석할 수 없는 전신 스캔 같은 것으로, 마치 맥락에 대한 설명이 없는 스냅숏과도 같다.

우리에게는 인식을 통제할 능력이 '없다'. 할 수 있는 일은 무언가 인식하고 있다는 것을 의식하는 일(예를 들어 자신이 어떤 생각을 하고 있다는 사실을 알아차림)과 그 인식에 어떻게 반응할지 결정하는 일이다. 하지만 뇌에 갑자기 떠오른 정신적 정보의 초기 폭발을 통제할 수는 없다. 우리의 목표는 이러한 지각적인 변화들을 통제하는 것이 아니라 개입하지 않고 자연스럽게 일어나는 대로 두는 것이다. 내면에 떠오른 모든 생각이나 인식하는 모든 불편한 감각을 즐기라는 의미가 아니다. 이런 정보의 조각들이 있다는 사실을 의식하고 난 후 이를 바꾸거나 제어하려고 하는 시도는 헛되다는 사실을 깨달아야 한다는 의미다.

때로는 인식 속으로 들어오는 정보들이 만족스럽지 않을 수 있다. 일하는 동안 주의를 끄는 거슬리는 노래, 고통스러운 기억을 불러일으키는 불편한 이미지, 엄숙한 순간에 떠오르는 웃긴 농담 등이 그렇다. 이런 경험들에 당혹스러움을 느끼고, 그런 생각들이 사라지기를 바라는 것은 당연한 일이다.

다음으로 넘어가기에 앞서, '주의 분산'distraction과 '주의 돌리기'의 차이를 짚고 넘어가겠다. 주의 분산은 의도하지 않은 경험으로, 즉 주의가 흩어져 집중력을 잃고 의도치 않게 새롭고 흥미로우며 자극적인 것으로 마음이 쏠리게 되는 것이다. 짜증이 나더라도 해롭지는 않은 경우다. 우리는 모두 집중이 필요할 때 주의 분산이 일어나지 않도록 노력한다.

주의 돌리기는 일종의 의도적인 노력으로, 인식을 통제하여 상황을 회피하려고 하는 것이다. 불안을 느끼거나 불편한 생각이 들 때 다른 경험에 몰입하여 원치 않는 경험을 밀어내려고 하는 상황을 뜻한다. 우리는 무언가 힘든 일을 직면하고 싶지 않을 때 일부러 주의를 산만하게 만들어 버린다. 이는 해로운 행동이다. 회피 수단으로 주의를 돌리는 일은 마치 주의해야 할 대상이 위험하거나 다루기 어려운 것처럼 행동하는 일이기 때문에 불안 주기를 강화한다.

인식을 통제하는 일은 불가능할 뿐 아니라 그런 노력은 대개 역효과를 가져온다. 의도적으로 생각을 하지 않으려고 노력하는 사고 억제 행위는 오히려 더 많이 생각하게 만들 가능성을 크다. 이는 마치 뇌에게 "그 절벽에서 떨어지지 마!"라고 외치는 것과 비슷하다. 그러면 뇌 일부는 그 순간 바로 절벽의 경계에서 있게 되고, 절벽에 주의가 더 많이 기울게 되지 덜하지는 않을 것이다. 어떤 것에 주의를 기울이지 않으려는 일은 뇌의 한 부분에 그것을 관찰하도록 지정하는 것과 같아서 자연스럽게 인식의 배경으로 벗어나는 것이 아니라 인식의 정중앙에 놓이게 된다. 비치볼을 물속으로 밀어 넣으려고 할 때 우리가 손을 놓자마자 얼굴을 향해 바로 튀어 오르는 것처럼 말이다!

인식이 절대로 변하지 않는다는 의미가 아니다. 단지 우리가 직접적으로 그렇게 하지 않는다는 의미다. 걱정이 많은 사람이라면 유용하지 않은 단서를 추적하고 주의를 기울이도록 뇌를 훈련시키고 이런 방식으로 인식에 대응해 왔을 것이다. 그들은 '만약'이라는 생각을 알아채면 그 생각에 주의를 기울일 가치가 있다고 가정한다. 이제 우리는 지각적인 입력의 향연이 그냥 흘러가게 놔둘 뿐 쓸모없는 데이터는 검토하지 않고 무시하려한다. 이를 위해서는 이어서 이야기할 정신적 과정, '주의'에 대해 알아야 한다.

⁗ 무엇에 집중할 것인가, '주의' ⁗

인식이 뇌가 세상에 대한 정보를 수집하는 방식에 관한 것이라면 주의는 뇌가 해당 정보를 효과적으로 처리하는 시도에 관한 것이다. 뇌가 한 번에 처리할 수 있는 정보는 제한되어 있다. 정보의 마지막 한 부분까지 모두 한꺼번에 계산하려고 한다면 과부하가 될 것이다. 그래서 우리 뇌는 더 작은 데이터에 선택적으로 주목할 수 있는 편리한 기능을 가지고 있다. 이것이 바로 '주의'다. 주의는 정보에서 더 나아가 관리할 수 있는 하위 집합에 주목할 수 있게 이끌어 준다. 대개는 뇌가 그 순간 가장 관련 있거나 중요하다고 믿는 것을 기반으로 한다. 이는 들어오는 정보를 선별하여 유용한 데이터를 우선으로 처리하고, 그렇지 않은 데이터는 폐기하기 위한 노력이다. 만약 수학 수업을 듣고 있다면 그날 점심으로 무엇을 먹을 것인지, 역사 수업 때 1812년 전쟁에 대해 배운 것, 양말이 말려 내려가는 느낌 같은 관련 없는 정보를 인식하는 것은 중요하지 않다. 계속해서 수학 수업에 집중하려고 하는 한 관련 없는 정보에 대한 인식은 자연스럽게 우리의 의식에서 사라질 것이다.

주의는 통제할 수 있다. 완벽하지 않고 항상 정확하거나 일관적으로 통제할 수는 없을지라도 우리는 적어도 무엇에 주의를 기울일지에 어느 정도의 권한을 갖고 있다. 보스턴 레드삭스의 경기를 보려고 스포츠바에 갔는데 스무 개의 TV에서 각각 다른 경기가 방영되고 있다면 우리는 레드삭스 경기에 주의를 집중하기로 선택할 수 있다. 다른 경기에서 홈런을 외치는 흥분한 해설자의 소리를 듣는 등 주의가 잠시 흩어질 수는 있지만 이내 곧 보고 있던 경기에 주의를 기울일 수 있다. 이렇게 주의할 수 있는 상태가 되려면 많은 조건 요소가 필요하다.

• 이 경기가 중요한가? 월드시리즈 7차전인가, 아니면 이미 플레이오프에서 탈락해서 큰 의미가 없는가?
• 흥미로운 상황인가? 9회 말 만루인가, 아니면 2회에 평범한 땅볼인가?

- 현재 기분은 어떠한가? 충분히 쉬었는가, 아니면 피곤한 상태인가? 속이 든든한가, 아니면 배고픈가? 경기를 보기 전에 이미 짜증난 상태였는가, 아니면 평온했는가?
- 다른 방해물들은 어떠한가? 다른 TV가 더 크고 더 시끄러운가? 다른 경기도 흥미로운가? 바에 있는 모든 사람이 다른 경기에 관심을 쏟고 있는가?
- 현재 마음가짐은 이 상황에 어떠한가? 스스로 온전히 집중할 수 있어야 경기를 볼 만한 가치가 있다고 여기는가? 완벽하게 집중할 수 있어야만 한다고 생각하는가?

　종종 우리 뇌는 가장 관련성이 높은 것들에 자연스럽게 주의를 기울인다. 별 노력 없이 직관적으로 그렇게 할 수 있다. 이는 의식적인 노력이 전혀 필요하지 않은 자동적인 과정으로 이루어지는 경험이다. 우리의 마음은 원하는 곳에 정확히 초점을 두면서 이곳저곳으로 매끄럽게 옮겨 다닌다. 하지만 때로는 조금 더 의도적인 판단을 요구하는 상황도 있다. 마음이 항상 모든 것에 전력을 다하는 것은 아니며 우리에게 필요한 것이 무엇인지를 완벽히 예측하지도 못한다. 즉 주의가 분산될 수 있으며 우선순위를 계산할 때 오류를 범할 수 있다.
　나는 버몬트주에 있는 대학에 다녔는데 눈길을 운전해서 수업에 갈 때면 뇌가 자동적으로 더 집중하기 시작했던 것을 기억한다. 주의를 산만하게 하는 것들은 모두 무시하고 가까워지는 코너나 다음 정지 신호, 도로를 달리는 타이어에 달린 체인 느낌에 온 정신을 기울였다. 어디가 푹신하고 미끄러지지 않을지, 어디가 미끄럽거나 얼음이 껴있는지 등 쌓인 눈의 질감을 주의 깊게 살피곤 했다. 그때 나는 본능적으로 집중력이 높아졌고 경계심도 예민해졌다.

하지만 매사추세츠주에 있는 부모님 댁까지 세 시간이나 운전해야 했을 때 내 뇌는 그다지 도움 되지 않았다. 종종 내 눈이 피곤해지고 지쳐가는 것을 느끼면서 차를 세우고 쉬어야 했다. 고속도로에서 75마일로 달리는 일은 벌링턴(Burlington, 버몬트주에 속한 도시 – 옮긴이) 골목을 이리저리 운전하는 것보다 훨씬 더 위험했는데도 내 뇌는 충분히 집중하지 못했다. 고속도로가 단조롭고 지루했기 때문이다. 찬 공기를 쐬려고 창문을 내리거나 음악을 틀거나 친구와 통화를 하며 잠을 깨우려고 했다. 나는 뇌가 장거리 운전에 집중할 수 없으며 필요한 방식을 선택할 수 없다는 사실에 실망감을 느꼈다. 뇌는 유기적으로 집중하는 것을 멈췄고, 그러면 나는 원하는 것에 집중할 수 있도록 더 의도적인 전략을 사용해서 개입해야만 했다.

이는 종종 우리가 불안을 느낄 때도 마찬가지다. 우리 뇌는 최선을 다해 선택을 한다. 그래서 우리의 주의는 뇌가 중요하게 관련 있다고 믿는 것으로 전환되지만 안타깝게도 뇌는 때때로 오류를 범하기도 한다. 불안을 유발하거나 악화시키는 것들에 대해 자연스럽게 끌리기 때문이다. 이는 주의를 통제하기 어렵게 만드는 요소 중 하나다. 우리에게는 어느 정도 주의를 조절할 수 있는 능력은 있지만 완전한 통제력은 없다. "레드삭스에 집중해!"라고 명령하고, 온전히 레드삭스만 평생 집중할 수 있는 것이 아니라는 말이다. 대신 경기에 주의를 기울이려고 노력할 수는 있다. 하지만 이와 동시에 자신에게 불리하게 작용하며 의도한 목표에서 멀어지게 만드는 다른 요소들과 싸워야 할 것이다.

⑾⑾⑾ 걱정을 내버려두지 않는다, '참여' ⑾⑾⑾

세 가지 정신적 과정 중에서 가장 활발한 것이 참여다. 인식이 생각을 알아차리는 일이고, 주의가 그 생각에 스포트라이트를 비추는 일이라면 참여는 그 생각을 집어들어 살펴보는 일이다. 결정적으로 참여는 상호작용을 포함한다. 예를 들어 불확실성에 참여한다는 것은 단순히 불확실성을 알아차리거나 그에 집중하는 것이 아니라 해결하려고 노력한다는 뜻이다. 불안의 경우에도 우리는 불안을 인식하는 것을 넘어서 그 감정을 사라지게 하려고 노력한다. 그 노력은 본질적으로 '걱정하기'가 된다. 반추하거나 정신적으로 검토하거나 혹은 생각을 억제하는 것 등 모두 걱정에 참여하는 행위다. 마치 '나는 이 생각을 인식하는 것을 멈추고 싶어. 그러니 이 생각을 해결하거나 더 이상 인식하지 못하게 밀어내 버릴 거야'라고 말하는 것과 같다.

참여는 의지적이다. 당신이 문제를 해결하기 위한 선택을 하는 것이다. "걱정이 된다."에서 "걱정을 하고 있다."로 넘어가면 이제 적극적인 참여자가 된 것이다.

자, 이제 우리는 모든 재료를 갖추었다. 정신적 과정에서 작용하는 요소들이 무엇인지 살펴봤다. 이제 다음 단계는 더 이상 걱정과 불안 주기를 지속하지 않기 위해 이 기본 요소들을 어떻게 조작해야 할지 알아내는 것이다.

게임을 하나 해보자. 지금까지 인식, 주의, 참여를 이해했다. 이제 남은 과제는 각 정신적 과정과 상호작용하는 방법을 선택하는 것이다. 이때 당신이 할 수 있는 선택은 통제, 저항, 허용이다. 각 정신적 과정에 하나의 행동을 실행할 수 있다. 먼저 당신이 걱정을 할 때 어떤 일이 벌어지는지 이야기하겠다.

인식 → 저항
주의 → 통제
참여 → 허용

이런 식으로 걱정을 처리하는 것은 인식의 불편한 부분을 차단(저항)하고, 원치 않는 생각을 주의 영역의 밖으로 내몰거나 스스로 걱정에 참여하도록 허용하여 경험을 제한하는 것이다. 대신 다음과 같이 시도해보자.

인식 → 허용
주의 → 통제
참여 → 저항

이제 우리는 인식을 허용하고 모든 생각에 스스로를 열어 두었다. 관심을 통제하거나 제한하는 것과는 반대로 인식을 열어 둔 채로 중요한 것에 주의를 기울이며 주의에 대한 통제력을 행사하는 것이다. 다시 말해 주변에서 일어나는 다른 일들을 알아차리고 인정하는 동시에 그런 인식을 몰아내려고 하지 않으면서도 레드삭스 경기를 볼 수 있다. 주의가 산만해졌더라도 다시 원하는 경기로 자연스럽게 주의를 돌릴 수 있다. 이는 걱정스러운 생각에 참여하는 것을 저항하는 것이다.

‖‖‖ 걱정과 불안을 몸으로 부딪쳐라 ‖‖‖

지금쯤 인식, 주의, 참여의 개념이 앞에서 다룬 불안 주기의 단계와 일치한다는 사실을 깨달았을 것이다. 초기의 어떤 생각이나 계기가 불안 주기를 촉발하는 것처럼 인식은 통제할 수 없다. 이는 단지 주의와 참여의 부산물일 뿐이다. 만약 인식을 억누르려고 하지 않고, 통제할 수 있는 요소인 주의와 참여에 에너지를 집중한다면 우리는 불안 주기를 뒤집고 해체할 수 있다. 다행히 이 문제에 대한 전략은 이미 구축되어 있다. 바로 노출 및 반응 방지 행동 요법이다. 우리가 할 일은 이 전략을 걱정에 어떻게 적용할 수 있는지 명확하게 파악하는 것뿐이다.

노출 및 반응 방지 행동 요법은 강박장애 치료법으로, 두려움에 체계적으로 맞서는 것(노출)과 학습을 방해하는 강박행동과 안전한 행동을 제거하는 것(반응 방지)을 포함한다. 이 치료법은 강박장애를 위해 고안되었지만 모든 불안은 어떤 면에서든 동일한 강화 주기로 유지되므로 이 원리는 불안과 걱정에도 광범위하게 적용될 수 있다. 불안 주기의 약점을 이용하고 불안을 지속시키는 강화를 중단하는 식으로 불안을 더 효과적으로 관리할 수 있다.

이론적으로 즉각적인 위험에 처한 것이 아니라면 뇌는 주의를 기울이고 조정하며 비상 시스템을 해제해야 한다. 만약 그렇게 하지 못하고 즉각적인 위협이 없는 상황에서도 계속해서 불안해진다면 무언가가 뇌를 혼란스럽게 만들고 있다는 뜻이다. 뇌에서 어떤 일이 일어나서 오류 수정에 필요한 정보를 받아들이지 못하도록 방해하는 것이다.

강박장애와 불안장애를 가진 사람 대부분은 하룻동안 이런 저런 일들로 촉발되는 많은 노출 기회를 마주한다. 하지만 강박관념을 가지고 있기에 이 반복되는 노출의 가치를 살리지 못한다. 원치 않는 생각을 피하거나 오히려 더 집착하게 될 때 뇌는 이 과정이 위험을 피하는 데 도움이 된다고 학습한다. 반대로 경험을 제한하거나 바꾸려고 시도하지 않고 그냥 있는 그대로 둔다면 뇌는 이러한 생각이 위협이 아니라고 학습할 수 있다.

앞서 예로 들었던 원시인을 떠올려보자. 곰과 양을 구별하지 못했던 원시인 말이다. 만일 그가 양을 볼 때마다 동굴로 도망간다면 결코 곰과 양을 구별하는 법을 배울 수 없을 것이다. 그런 식의 회피는 큰 기회비용을 수반한다. 새로운 정보를 수집하고 배울 기회를 스스로 놓쳐버리는 것이다. 하지만 양에 대한 학습을 놓치게 되는 또 다른 예가 있다. 양에 접근은 하되 완벽한 방어구를 착용하고 도끼를 들고 있다면 실제로 양을 두려워할 필요가 없다는 것을 학습하는 데 방해가 될 것이다. 원시인은 그저 방어구와 도끼 등 추가 예방책이 필요했고 덕분에 안전할 수 있었다고 믿을 것이다.

우리가 하는 불안한 생각에도 같은 원리가 적용된다. 강박적인 관여 또는 회피로 그런 생각들을 키워 나갈지에 대한 선택에서도 같은 원리가 적용된다. 그래서 우리에게는 적절한 반응 방지가 필요하다. 모든 한계와 조건을 제거하는 식으로 뇌가 직면한 위협을 여과 없이 훑어보고, 위험에 대한 더 정확한 결론에 도달할 수 있어야 한다. 방정식을 복잡하게 만드는 교란 변수가 없다면 마침내 뇌는 무엇을 배워야 하는지 학습할 수 있게 된다.

이제 당신은 아마도 스스로 이렇게 물을지 모른다.

'내 두려움이 비합리적이거나 불균형적이라는 걸 인식할 수만 있다면 뇌가 올바르게 작동하는 데 도움이 되지 않을까? 아, 나도 그랬으면 좋겠다!'

하지만 불행히도 논리와 이성은 여기까지만 적용할 수 있다. 우리의 두려움은 좀처럼 합리적이지 않다. 만약 합리적이었다면 내 상담실에 찾아오는 사람 대부분은 심장병에 대한 두려움을 해결할 방법을 찾아왔을 것이다. 어쨌거나 심장병이 우리를 사망하게 할 가능성이 가장 높으니 말이다. 하지만 그런 이유로 오는 사람들은 아주 드물다. 대신 대중 연설이나 비행, 현관문을 잠그지 않고 나가는 것에 대한 두려움 등을 해결할 방법을 찾길 원하는데 이 모든 것은 그들을 죽음까지 몰아갈 가능성이 매우 적다. 우리를 두렵게 하는 것은 보통 실제로 위협이 되지 않는 것들이다.

여기서 잠시 비행에 대해 한번 생각해보자. 아마 다음과 같은 통계적 결론을 들어본 적이 있을 것이다. 사실 공항으로 가는 길에 사망할 확률이 실제로 비행기 안에서 사망할 확률보다 높다. 그렇다면 비행기가 난기류를 통과할 때 가슴이 뛰고 팔걸이를 꽉 잡게 되는 이유는 무엇일까? 안전하다는 것을 알고 있는데도 왜 두려움을 느끼는 것일까? 해답은 승무원들에게서 찾을 수 있다. 비행기가 난기류를 만났을 때 승무원들은 어떻게 하는가? 그들은 계속 일을 한다. 완전히 무관심하고 전혀 상관없다는 듯 음료수와 땅콩을 계속 나눠준다. 승무원들은 우리가 모르는 어떤 지적인 사실을 알고 있을까? 아마 그렇지 않을 것이다. 그들은 우리가 모르는 것을 '경험적으로' 알고 있다. 승무원들은 매일 비행기를 탄다. 난기류가 정상이라는 그들의 지식은 단순히 학문적인 것이 아니라 몸소 체험을 통해 학습한 것. 직접 난기류가 오고 가는 것을 보고 그 충돌에 세심한 주의를 기울이지 않고 일을 계속하는 법을 완벽하게 익히게 되었다. 그들이 우리보다 더 많은 것을 알고 있어서가 아니다. 상황을 다르게 경험하기 위해 필수적인 학습을 쌓아왔기 때문이다.

이는 노출 및 반응 방지 행동 요법의 중요한 핵심을 반영한다. 즉 경험적 학습이 필수다. 어렸을 적, 나는 '젤다의 전설'이라는 닌텐도 게임을 좋아했다. 다른 게임 카트리지들은 모두 단조로운 회색이었는데 이 게임은 화려한 금색이었다. 아주 장엄했다. 각 레벨에는 꼭 이겨야 할 보스가 있었고, 그들을 어떻게 이기는지를 알아내는 게 중요한 게임이었다. 올바른 전략을 찾지 못한다면 모든 노력이 허사가 되는 것이다. 예를 들어 거대한 외눈 거미를 물리치기 위해서는 눈을 떴을 때만 화살을 쏘아야 했고, 그렇지 않으면 화살은 쓸모가 없었다. 트리케라톱스를 물리치려면 폭탄을 정확히 그가 지나는 경로에 놓아야 했다. 그렇지 않으면 트리케라톱스가 폭탄을 먹지 않아서 폭발은 아무 피해도 주지 못했다.

불안과 걱정을 물리치고 싶다면 전략적으로 개입할 계획을 세워야 한다. 단순히 무기를 무작위적으로 휘두르는 것만으로는 안 되며 실제로 효과가 있을 전략이 무엇인지 이해해야 한다. 논리와 추론은 거미가 눈을 감은 상태일 때 쏜 화살과 같고, 트리케라톱스의 앞이 아니라 옆에 폭탄을 놓는 일과 같다. 이것만으로는 임무를 완수할 수 없다. 뇌 속에 있는 두려움의 시스템에 접근하려면 경험적 학습이 필요하다.

⫻⫻⫻⫻⫻ 경험하고 배울수록 뇌는 달라진다 ⫻⫻⫻⫻⫻

일반적으로 같은 유발 요인에 반복적으로 노출되면 습관화habituation가 발생한다. 이로써 결국 우리가 경험하는 고통의 양은 줄어들게 된다. 여름에 차가운 수영장에 뛰어드는 일과 비슷하다. 처음에는 물이 차갑게 느껴지지만 물속에 계속 있으면 점점 따뜻하게 느껴지기 시작한다. 물의 온도가 변하지 않았지만 우리는 다르게 경험한다. 만약 들어간 즉시 추위를 느끼고 물

밖으로 나왔다면 결코 그런 경험을 할 수 없게 된다. 이때 우리의 경험은 추위가 전부일 것이다. 노출 및 반응 방지도 같은 방식으로 작용한다. 즉 계속해서 노출되면 결국 고통이 감소하기 시작한다고 보는 것이다. 달리 아무것도 하지 않더라도 시간이 지남에 따라 고통은 줄어든다. 그러나 회피, 강박행동 혹은 주의 돌리기를 통해 이 과정을 방해한다면 결코 습관화를 경험할 수 없을 것이다.

노출 및 반응 방지에 관한 한 습관화는 훌륭한 결과다. 자신의 고통을 확실히 줄이고자 하는 욕구를 가진 그 누구도 비난할 수 없다. 또한 그것이 항상 목표인 것도 아니다. 사실 노출 및 반응 방지에는 몇 가지 문제가 있다.

- 습관화는 항상 안정적으로 일어나지는 않는다. 모든 사람의 뇌는 조금씩 다르다. 예를 들어 두려움과 같은 일부 감정은 혐오 등의 다른 감정보다 조금 더 예측 가능하게 반응하는 경향이 있다.
- 습관화를 많이 하는 사람들이 반드시 치료에서 더 나은 결과를 얻지는 않는다. 한 연구에서는 치료가 끝날 때 습관화를 더 많이 한 것이 항상 더 효과적인 결과를 보장하는 것이 아니라는 사실을 보여준다. 어떤 사람들은 습관화를 해도 문제가 반드시 개선되는 것은 아니며 또 어떤 사람들은 습관화가 많이 되지 않은 채로 개선되기도 한다는 것이다.

• 습관화는 노출 전략이 목표로 하는 것과 상반될 수 있다. 노출 및 반응 방지 행동 요법을 이상적으로 진행할 때는 감정적 경험이 무엇이든 열린 태도로 받아들이는 연습을 한다. 이는 "불안이 줄었으면 좋겠다."라고 말하는 것이 아니라 "바꾸려고 노력하지 않고 기꺼이 불안이 오가도록 내버려 두겠다."라고 말하는 것을 의미한다.

습관화는 좋은 부산물일 수 있지만 노출 및 반응 방지의 명시적인 목표는 아니다.

노출 및 반응 방지를 시도하는 중에 우리가 더 관심을 가져야 하는 것은 '학습'이다. 노출은 뇌에게 새로운 것을 가르칠 기회다. 뇌는 일이 어떻게 진행될지, 그리고 안전을 유지하기 위해 무엇을 해야 하는지에 대한 특정 기대치에 빠져 있다. 노출은 그런 기대치를 조정할 기회를 제공한다. 걱정에 관해 살펴보자면 뇌는 우리가 도전해야 할 몇 가지 기본 가정을 만들어 놓는다.

• 생각은 위험하며 주의를 기울일 필요가 있다.
• 생각을 검토하면(참여) 위험을 제거할 수 있다.
• 나는 불확실함을 견딜 수 없다.
• 나는 고통을 견딜 수 없다.

위와 같은 가정 대신 다음과 같은 관점을 배울 기회를 만들자.

- 생각은 위험하지 않으며 반드시 주의를 기울일 필요가 없다.
- 안전을 위해 떠오르는 모든 생각을 검토할 필요는 없다.
- 나는 불확실성을 해결하지 않고도 받아들일 수 있다.
- 나는 고통을 사라지게 하려고 노력하지 않고도 견딜 수 있다.

보다시피 우리 뇌는 약간 혼란스러워질 것이다. 경험을 수정해야 하고 새로운 것을 배워야 한다. 그리고 이러한 경험을 관리하는 주체는 바로 나 자신이다. 생각에 대한 새로운 관계를 형성하기 위해 학습의 가능성을 극대화할 상황을 준비하는 안내인이 되어야 하는 것이다. 기억하자. 난기류를 지나는 동안 안전벨트를 꽉 잡을 필요는 없다. 그리고 모든 생각을 통제하기 위해 씨름할 필요도 없다.

⊪⊪ 걱정과 불안의 힘을 빼앗는 방법 ⊪⊪

노출 및 반응 방지 접근법은 외부적이고 신체적인 행동에 꽤 직관적으로 쉽게 적용되지만 이를 정신적인 행동에 맞게 조정해야 할 때 다소 막막하다. 불안 주기는 불안을 줄이려는 노력(걱정, 강박)과 불안을 예방하려는 노력(회피)이라는 두 가지 유형의 반응으로 지속될 수 있다는 사실을 기억할 것이다. 바퀴를 멈추고 그 주기에서 벗어나려면 바퀴를 계속 돌게 하는 부분을 제거해야 한다. 이러한 행동 원칙이 정신적 과정에 어떻게 적용되는지 살펴보도록 하겠다.

정신적 회피

신체적인 회피는 대개 아주 단순하다. 개나 비행기에 대한 공포증이 있으면 그 근처에 가는 일을 피하는 식이다. 먼지나 세균에 대한 걱정이 있다면 공공장소에 가지 않거나 장갑이나 옷소매와 같은 것을 차단막으로 사용해서 오염될 일을 염려하지 않을 수 있다. 재정적인 어려움이 있다면 걱정의 맹공격을 받는 일이 없도록 통장을 확인하지 않는다. 이 모든 것이 불안을 예방하는 방법이다. 상황을 통제하는 방법을 통해 유발 요인을 제한하는 시도다.

알다시피 이 전략은 궁극적으로 불안을 더 악화시킬 뿐 실제로 더 나은 결과를 얻지 못한다는 점에서 근시안적이다. 이런 행동들은 불안 유발 요인들을 일시적으로 제한할 수는 있어도 그 과정에서 불안 주기를 활성화하고, 뇌에서 유발 요인(개, 비행기, 세균, 돈)과 위험 사이의 연관성을 강화하게 만든다.

하지만 외부에서 일어나는 구체적인 행동이 아닐 때 회피는 어떤 모습일까? 어떤 유발 요인들은 우리의 머릿속에서 일어난다. 정신적 회피는 일반적으로 사고 억제 또는 주의 돌리기를 통해 머릿속 내부 유발 요인을 제한하려고 시도할 때 발생한다.

이러한 행동은 인식을 겨냥하고 완전히 없애기 위한 것이다. 이는 원치 않는 경험을 더 이상 의식하지 않기 위해 시야의 범위를 좁혀서 인식을 축소하려는 노력이다.

스포츠바에서 TV 경기를 보는 사례를 생각해보자. 사고 억제는 다른 경기가 전혀 보이지 않도록 다른 모든 TV를 꺼서 행복하게도 그 존재를 인식하지 못하도록 시도하는 일과 같다. 주의 돌리기의 경우, 레드삭스 경기를 보여주는 TV의 볼륨을 최대한 높이거나 원치 않는 경기를 방영하는 다른 TV들은 인식할 수 없도록 화면에서 멀찍이 떨어져 앉는 것을 의미할 것이다.

이때 문제는 우리 마음속 스포츠바에 켜진 TV의 전원은 끌 수 없다는 것이다. 의식은 직접적으로 통제하지 못한다는 사실을 기억해야 한다. 그래서 대신 '바텐더'(우리의 뇌)에게 다른 TV의 볼륨을 낮추라고 요구할 때마다 바텐더는 오해하고 그 반대로 행동한다. 말하자면 모든 TV의 볼륨을 높여서 요란하게 쾅쾅 울려 대고 소리로 머릿속이 꽉 차도록 만든다. 그래서 결국 우리가 다시는 레드삭스 경기에 집중할 수 없을 것처럼 느끼게 만든다. 그렇다. 사고 억제는 좋은 방법이 아니다.

주의 돌리기도 큰 도움이 되지 않을 것이다. TV 바로 앞에 앉아 귀마개를 꽂고 누구와도 대화하기를 거부할 수는 있다. 하지만 그런 삶은 어떠한가? 매번 그런 방법으로 경기를 시청해야 하는 것일까? 이것은 우리가 정말로 경험하고 싶은 삶일까?

그런 사람이 우리가 되고 싶었던 모습일까? 그러다가 결국 귀마개만으로는 부족해서 노이즈 캔슬링 헤드폰이 필요한 수준이 되면 무슨 일이 벌어질까? 혹은 다른 사람이 집중을 방해하고 지장을 주지 않도록 완전히 고요한 집에서 홀로 경기를 시청하는 것은 어떨까? 분명 주의 돌리기에도 기회비용이 소요되며 우리의 관심을 끌기 위해 경쟁하는 것들과 공존하는 능력도 점차 약화할 것이다.

정신적 강박장애(일명 '걱정하기')

사람들은 대부분 강박장애의 전형적인 징후를 안다. 강박적 행동은 과도하고 반복적이며 불균형적이다. 위험한 것을 만지지 않았음에도 계속해서 손을 씻는 행동을 보이는 것을 강박장애라고 한다. 강박장애가 있는 사람은 문을 잠근 것이 꽤 확실한데도 자물쇠가 잘 걸려 있는지 다시 확인하러 간다. 이러한 행동들은 분명 위험 신호지만 이 요소들만으로는 강박장애가 되지 않는다. 여기에는 보이지 않는 중요한 요소가 작용하고 있다. 즉 강박은 고통을 예방하거나 줄이기 위해 의도된 행동이다.

오염에 대한 집착을 예로 들어보겠다. 병에 걸릴 가능성을 걱정한다면 다음과 같은 많은 물리적인 방법으로 그 결과를 막으려고 할 수 있다.

- 더러운 표면과 접촉을 피하는 것
- 손 씻기
- 청소
- 깨끗한 물건과 더러운 물건 분리하기
- 다른 사람에게 재확신 구하기
- 다른 사람에게 위생 규칙(자신이 직접 정한) 준수를 요구하기

임상적으로 대개 이러한 관찰 가능한 물리적 행동들은 많은 관심을 받는다. 하지만 우리에게 닫힌 문 뒤에서 일어나는 강박적 행동들도 많다.

- 어떤 것이 오염되었는지 정신적으로 추적하기
- 위험한 일을 하지 않았는지 확인하기 위해 행동 되풀이하기
- 병에 걸릴 확률 계산하기
- 몸 상태를 정신적으로 평가하기
- 병에 걸리면 어떻게 대응할 것인지 계획하기

물리적 강박과 마찬가지로 정신적 강박도 기능적으로 강박장애와 불안을 강화한다. 의심과 불확실성을 위험한 것처럼 다루어 뇌에 위협이 있다는 메시지를 전달한다. 이러한 행동들은 뇌가 이런 정신적 노력이 생존에 필수적이라고 믿게 만들고 이

후 계속해서 해당 유발 요인들을 추적하고 주의를 기울이게 만든다.

삶에서 의심과 걱정에 어떻게 반응하고 있는지 잠시 생각해보자. 당신은 의심을 없애기 위해 얼마나 많은 정신적 에너지를 소비하고 있는가? 당신만의 정신적 습관으로 걱정과 불안을 어떻게 강화하고 있는가? 펜과 종이를 준비하고 다음의 지침 사항을 직접 해보자.

1. 현재 혹은 최근 걱정을 적는다.

2. 걱정에 대해 어떤 방식으로 정신적 회피를 시도했는가? 생각들을 의식에서 떨쳐내려고 했는가? 잠재적인 걱정 유발 요인들에 노출되는 일을 제한하려고 했는가? 생각을 멈추기 위해 주의 돌리기를 시도했는가? 걱정을 경험하지 않기 위해 시도한 노력들을 적어보자.

3. 어떤 방식(예를 들어 정신적 검토, 분석, 재확신 요구 등)으로 걱정을 했는가? 확실한 답을 찾을 수 없음에도 계속해서 찾아내려고 노력했는가? 가능성이 낮은 시나리오를 정신적으로 시연했는가? 과도하게 경계하거나 잠재적인 위험의 징후를 계속해서 추적 중인가? 걱정하는 습관을 지속하게 만드는 반응을 식별해보자.

이러한 정신적 과정, 즉 인식과 주의 그리고 참여를 효과적으로 다루기 위해서는 각각에 맞춰 접근법을 조정해야 한다. 젤다의 전설 속 보스들처럼 각각 요소는 공격할 수 있는 약점을 가지고 있다. 여기서 간단하게 해볼 방법이 있다. 바로 걱정하기에서 걱정을 분리하는 것이다. 처음에 원치 않는 생각이 떠오를 때 인식은 허용하되 회피나 주의 돌리기 등 참여 과정에 빠져들지 않도록 주의를 기울여야 한다. 그리고 곤란한 생각에 주의를 집중하는 대신 해당 생각을 인식 속에서 존재하도록 허용하는 동시에 주의를 다시 중요한 것으로 초점을 맞추는 연습을 해보자. 이로써 불안을 지속하게 만드는 것에서 힘을 빼앗고, 뇌가 더 효과적으로 작동하는 방법을 학습할 수 있게 된다.

이어서 걱정에서 벗어나는 것을 통해 불안 주기를 깨는 데 도움이 되는 구체적 도구를 연습하는 시간을 가져보자.

걱정과 마주쳤을 때
해야할것들

결국 절박하게 싸워 전진하는 것보다 진정으로 수용하며 나아가는 것이
더 적은 노력과 더 적은 용기가 필요하다.

− 클레어 위키스*Claire Weekes*

이제는 알고 있듯 우리는 걱정하기를 '그냥' 멈추지 않을 것이다. 걱정이 도움이 되지 않다는 것을 알고 그냥 내버려둘 수 있기를 바라지만 막상 현실에서는 내면의 침착함을 끌어낼 수도, 그냥 잊어버릴 수도 없다. 자, 여기 누구도 듣고 싶어 하지 않는 조언이 있다. 더 잘해내고 싶다면 오직 '연습' 뿐이다. 이 책에 담긴 어떤 것도 모든 걱정하기를 없애지는 못하지만 소개한 기술들을 익히고 연습한다면 불편한 경험을 필요 이상으로 하지 않을 수 있다.

우리의 목표는 걱정하는 과정 없이 걱정 자체만 수용하는 것이다. 즉 인식은 하되 걱정에 휘말리지 않는 것이다. 오래된 습관을 버리고 새로운 습관을 만들려고 할 때 일반적으로 무언가를 하지 않는 것보다 무언가를 하는 편이 더 쉽다. 말하자면 아이에게 "동생에게 못되게 굴지 말아야 해."라고 말하는 대신 "동생과 이렇게 대화해보는 건 어때?"라고 말하는 편이 더 효과적이다. 지금까지 걱정하기를 멈추는 것이 당신의 목표였다. 이제는 대신 해야 할 것들이 필요할 것이다.

앞서 살펴본 정신격 과정과 행동 전략 설계도를 다시 참고해보자.

인식 → 허용
주의 → 통제
참여 → 저항

지금부터 이야기할 비참여는 과정이자 결과에 해당한다. 내부 경험을 받아들이고 원하는 것으로 주의를 집중시키면(의심스러운 부분에 즉시 주의를 집중시키는 대신) 불안 주기를 멈출 수 있다. 여기서는 수용과 변화를 위한 도구를 제시하고 이를 통해 불확실성을 허용하고 받아들이는 법을 배운다. 그리고 생각에 좌우되지 않고 주의를 집중시키는 능력을 강화하는 방법도 배울 것이다.

ⅢⅢ 쓸데없이 유혹적인 문제를 대하는 법 ⅢⅢ

이제 당신은 문제를 해결하지 않는 것에 익숙해졌을 것이다. 현재 이 글을 읽는 동안에도 당신에게는 해결되지 않은 수백만 개의 문제가 있다. '삶의 의미는 무엇일까?', '7,831의 제곱은 얼마일까?', '공항으로 가는 가장 빠른 길은 무엇일까?', '실종된 비행사 어밀리아 에어하트는 어디에 있을까?', '세탁소에 맡겼는데 없어진 양말은 어떻게 된 걸까?' 이런 질문들은 답이 있을 때도 있고, 없을 때도 있다. 때로는 그 답이 중요하고 적절할 때도 있고, 그렇지 않을 때도 있다. 사라진 양말의 수수께끼를 풀기 위해 노력하는 것이 나을지, 아니면 그냥 해결하지 않은 채로 두는 것이 나을지를 결정하는 것은 당신에게 달렸다.

영화와 문학 분야에는 '맥거핀 MacGuffin'이라는 개념이 있다. 맥거핀은 줄거리와 별로 관련 없거나 중요하지 않으면서도 등장인물들을 행동으로 이끄는 서술 장치를 말한다. 〈펄프 픽션〉의 미스터리한 서류 가방, 〈위대한 레보스키〉의 오줌 묻은 양탄자, 〈스타워즈〉의 도둑맞은 데스스타 설계도 등이 대표적인 맥거핀이다. 이 장치들은 등장인물들을 행동하게 만들면서 줄거리를 해결책으로 향하게 만든다. 맥거핀이 없으면 등장인물들은 평범한 삶을 유지하고 그 삶에서 벗어날 이유가 없을 것이다. 만약 〈스타워즈〉가 시작될 때 다스 베이더가 설계도를 찾아나서지 않았다면 루크는 드로이드들과 마주치지 않았을 것이며 벤을 찾아 삼촌의 농장을 떠나는 일도, 우주 모험도 일어나지 않았을 것이다. 마찬가지로 〈위대한 레보스키〉에서 듀드가 자신의 오줌 묻은 양탄자를 보고도 "상관없어."라고 말했다면 그는 백만장자 레보스키를 만나지 않았을 것이며 이 영화도 만들어지지 않았을 것이다,

문제나 의심을 인식하는 일은 당신과 불안의 싸움에서 맥거핀이라고 할 수 있다. 우리 마음속에 나타나는 내적 경험(생각, 감정, 욕구, 감각)이 무엇이든 있는 그대로 존재하는데 우리가 그것을 인식하는 일은 영화 속 맥거핀과 같다. 맥거핀이 사건을 움직이게 하듯 인식은 우리를 행동으로 이끈다. 영화의 줄거리는 등장인물들이 맥거핀을 추적하면서 만들어진다. 걱정하기는 우리가 문제나 의심에 대한 인식을 쫓으며 걱정스러운 생각에 얽힐 때 발생한다. 인식은 걱정(불안) 주기를 전체적으로 이끌어가는 갈고리이며 이는 깔끔한 해결로 끝나는 경우가 거의 없는 이야기다.

하지만 맥거핀을 쫓을 필요는 없다. 일상생활에서 벗어날 필요도 없다. 그런 생각에 사로잡히거나 불안을 사라지게 할 필요도 없고, 결심도 필요하지 않다. 맥거핀이 나타나서 행동을 자

극한다면 그 상황이 끝나기를 기다리는 편이 좋다. 우리의 임무는 맥거핀이 유혹하더라도 쫓아가지 않고, 이야기도 만들지 않는 것이다.

⁗⁗⁗ 걱정과 불안에 대처하는 대본 쓰기 ⁗⁗⁗

우리의 목표는 불확실성을 장엄하게 정복하는 것이 아니라 불확실성을 수용(심지어 포용)하려고 노력하는 것이다. 수용을 위한 여정에서 도움이 되는 도구 중 하나는 글쓰기다. 대처 스크립트('반응 방지 스크립트'라고도 함)는 맥거핀을 쫓으려는 충동이 오는 순간에 우리의 임무를 되새기며 메시지를 유지하게 돕는 기술이다. 이것의 목표는 스스로 무엇을 하려고 하는지 상기하기 위한 짧은 이야기를 쓰는 것이다. 이는 불가피한 불확실성을 인정하는 동시에 자신을 격려하는 말을 하는 것이다.

불안이 나타나고 생각으로 머릿속이 소란스러워지면 상담사가 면담 시간에 했던 말을 떠올리기 어려워진다. 자신이 해야 할 일을 잊어버리고서 강렬한 내적 경험에 압도될 수 있다. 대처 스크립트의 목표는 방향을 바로잡는 일을 가능한 한 쉽게 만드는 것이다. 당장 필요한 것들을 떠올릴 여유가 생기기를 바라기보다는 미리 준비하는 것으로 내적 경험의 장벽을 없앨 수 있다. 불안하지 않은 상태에서 쓴 대처 스크립트가 준비되어 있다면 불안에 갇혔을 때 우리가 바로 참고할 수 있기 때문이다.

다음은 대처 스크립트를 작성하는 가이드라인이다.

첫째, 대처 스크립트는 광범위할 수도 있고, 구체적일 수도 있다. 발생할 수 있는 모든 걱정에 적용될 수 있는 매우 일반적인 대처 스크립트를 만들어서 시간과 에너지를 절약할 수 있다. 반면 특정한 걱정이 다른 걱정보다 더 빈번하게 발생한다고 판단되면 범용적이고 획일적인 접근법을 포기하고 특정 걱정에 맞게 스크립트를 조정하는 것이 더 낫다. 이는 강박장애를 가진 사람들에게 특히 중요한데 그들의 걱정은 한 가지 특정 강박에 관련된 경향이 있기 때문이다.

둘째, 어려운 것을 피하지 말자. 대처 스크립트에 포함할 활동이 반드시 기분 좋은 것이어야 할 필요는 없다. 우리의 목표는 불확실성을 받아들여 나쁜 감정이 사라지도록 하는 것이 아니라 현실과 싸우고 저항하는 것이 아무런 도움이 되지 않으므로 이를 받아들이는 것이다. 달콤한 위로도, 회피도 필요 없다. 우리에게는 아무것도 가려내지 않고도 현실의 무게를 온전히 경험할 수 있는 능력이 있다. 만약 결코 확신할 수 없다는 것이 힘든 진실이라면 당당하게 인정하고 스스로에게 솔직하게 말하자.

셋째, 계속 새롭게 만들어라. 누구나 계속해서 반복되는 똑같은 일에 싫증을 느낀다. 우리는 언젠가 결국 책상 위 메모지에 적힌 메시지나 휴대폰의 반복되는 알람을 무시하게 될 것이다. 이런 것들이 정말로 계속 남아 있기를 원한다면 새로움이 필요하다. 단어를 바꾼다거나 아예 다시 쓴다거나 새로운 동기부여 요소를 추가하거나 이전에 넣은 요소를 빼보자.

넷째, 자신만의 지혜를 담아보자. 마음에 드는 정보들을 우연히 발견했을 수 있다. 머릿속을 떠나지 않는 예시나 비유일 수도 있고, 결심을 더 굳건하게 만드는 인용구나 경험일 수도 있다. 이런 종류의 알림은 대처 스크립트에 포함하기에 좋다. 이는 자기 자신만을 위한 펩톡(peptalk, 의지를 북돋우는 격려의 말- 옮긴이)으로, 가장 강력한 메시지들을 동기부여와 통합시킨다.

다섯째, 걱정 때문에 어떤 대가를 치러왔는지 기억하자. 지금 당장은 걱정하기가 그다지 해롭지 않아 보일 수 있다. 하지만 시간이 지날수록 누적되면서 결국 피해를 줄 것이라는 사실을 기억하자. 걱정하기는 큰 문제가 없어 보이다가 어느 순간이 되면 누적된 문제가 나타난다. 흡연을 떠올리면 쉽다. 담배 한 개비로는 죽지 않는다고 생각하는 것이 합리적이지만 이 접근법은 장기적으로 반복된 행동이 가져올 수 있는 진정한 대가를 무시한다. '결코 찾을 수 없는 답을 구하기 위해 많은 시간을 허비하지는 않았는가?', '아니면 결코 열매를 맺지 못할, 일어날 가능성이 희박한 사건을 대비하지는 않았는가?', '걱정이 당신의 인간관계나 직업에 어떤 영향을 미쳤는가?' 이런 식으로 상기

시키는 말들을 대처 스크립트에 주저하지 말고 넣자.

여섯째, 되도록 짧게 쓰자. 일반적으로 종이 한 장 이내에 두세 단락 정도를 권장한다. 자기 자신을 올바른 방향으로 이끌어야 할 때마다 장편 소설을 읽어야 할 필요는 없으니 말이다.

일곱째, 1인칭 시점의 언어를 사용하자. 대처 스크립트는 보통 '나'를 주어로 쓸 때 가장 효과적이다. 이 방식은 일반적으로 사람들에게 더 현실적이고 진정성 있게 느껴지는 경향이 있다. 이 사실에 동의할 수 없다거나 2인칭 시점으로 표현하는 편이 더 효과적일 것 같다고 생각되면 한번 시도해보자. 자신에게 맞는 방법을 찾는 일에 항상 유연할 필요가 있다.

여덟째, 자족하면서 안심하지 말자. 대처 스크립트는 어떤 의미로는 펩톡일 수 있지만 모든 것이 괜찮아질 것처럼 가장하라는 말은 아니다. 미래는 불확실하며, 우리에게는 모든 것을 확신할 수 없는 세상에서 존재해 살아가는 능력이 있다. 확신에 대한 거짓된 표현으로 스스로를 과소평가하지 말아야 한다. 특정한 내용을 사용하고 있다면 원치 않는 결과가 발생하지 않을 (혹은 그럴 가능성조차 없다는) 것을 확신시키려는 정서를 피하고 싶을 것이다.

다음은 대처 스크립트를 작성한 두 가지 예시다. 첫 번째는 일반적인 걱정을, 두 번째는 구체적인 걱정(다른 사람에게 피해를 입히는 것에 대한 두려움)을 대상으로 한다.

예시 1

나는 자신감 있는 사람이 되고 싶다. 내 결정에 확신이 있는 사람, 나 자신을 신뢰하는 사람, 스스로 삶을 통제하고 걱정에 휘둘리지 않는 사람이 되고 싶다. 인정하기에 마음은 아프지만, 나는 불확실성을 받아들이는 법을 배우지 않는 한 그런 사람이 될 수 없다.

나는 무수히 많은 시간을 무언가를 알아내려고 허비해왔다. 절대로 얻을 수 없는 무언가를 좇는 데 삶의 많은 시간을 보냈다. 내 뇌는 확실하다고 약속했지만 그건 거짓이다. 마침내 답을 찾게 되면 평화를 얻을 것이라고 나를 속였지만 이제 나는 이룰 수 없는 약속에 지쳤다. 내가 자유를 얻을 수 있는 유일한 방법은 스스로 얻어내는 것이라는 사실을 깨달았다. 나에게는 확실성이 필요하지 않다. 나는 불안을 견딜 수 있다. 그런 것들은 이제 더 이상 나를 통제하지 못할 것이다.

불편하겠지만 감당할 수 있다. 나 스스로 할 수 있는 최선은 불편함을 허용하는 것이다. 미래의 나에게 줄 수 있는 최고의 선물은 지금 이 배움을 시작하는 것이고, 습관들을 하나하나 쌓아서 미래의 내가 불확실성을 어떻게 대해야 하는지를 알게 하는 것이다. 자, 시작해 보자! 나는 이런 생각들과 감정들이 나와 함께 움직이도록 내버려 둘 것이다. 더는 그것들과 싸우지 않을 것이며 더 이상 내 시간을 빼앗기지 않을 것이다.

예시 2

내 뇌는 계속 난로가 켜져 있을지도 모른다고 말한다. 그리고 희미한 가능성이더라도 확실히 확인하기를 원한다. 확실성을 얻기 위해 모든 기억에 일일이 노력을 쏟아부으며 확인하라고 지시한다. 만약 집에 불이 나서 내가 책임을 져야 한다면 얼마나 끔찍할지를 상기시키며 불타버린 잔해의 끔찍한 모습을 상상하게 만든다.

모든 과정이 너무 강력하게 느껴지지만 이미 모두 겪은 일이다. 이 무서운 생각은 전부 불안 주기를 강화하기 위해 나를 속이려는 미끼임을 안다. 나 자신을 위한 삶을 원한다면 어느 정도의 위험을 감수해야 한다. 이런 생각들은 무섭지만 단지 생각일 뿐이다. 상상의 시나리오가 나의 진짜 현실인 것처럼 반응할 필요가 없다. 나는 계속 나아갈 것이다. 의심은 항상 그렇듯 점차 사라질 것이다. 항상 가능성일 뿐 긴급한 요구는 아니므로 다시 한번 의식의 저편으로 모습을 감출 것이다.

나는 가스레인지를 수천 번 확인했다. 이러한 반복적인 확인이 나에게 평화를 가져다준 적은 없으며 가족의 안전을 보장해준 적도 없다. 대신 나에게서 많은 것을 빼앗아 갔고, 그 대가로 아무것도 주지 않은 채 나를 꼼짝 못 하게 했다. 이제 나는 가족에게 관심을 표현하는 방법이 지금보다 자유로워지는 것이라는 사실을 안다. 내가 머릿속에 갇혀 있지 않고, 계속해서 재확신을 추구하지도 않으면서 지금 이 순간에 존재할 때에 비로소 주변 사람들과 진정으로 연결되는 것이며 그들에 대한 내 사랑을 진정으로 보여줄 방법이 된다. 잠깐은 불안해질 수 있다. 그리고 그런 생각들이 얼마간 나에게 계속 속삭여 댈지도 모른다. 하지만 나는 나 자신과의 정신적인 논쟁에 빠지지 않고, 그 생각들이 그곳에 존재하도록 허용하리라고 다짐한다. 나는 내 현실의 삶에서 더 많은 시간을 보내기를 원하며 머릿속에서 보내는 시간은 줄이고 싶다.

ⅲⅲⅲⅲ 대본을 실천할 때 기억해야 할 3가지 ⅲⅲⅲⅲ

대처 스크립트를 작성했으면 이제 사용할 준비가 끝났다! 불안이나 걱정이 찾아오고, 그 불안을 없애거나 의심을 해소하려는 '참여' 욕구를 느낄 때 대처 스크립트를 찾아보자. 대처 스크립트를 읽고 담긴 메시지와 진정으로 연결되도록 최선을 다하자. 목표는 더 이상 생각에 몰두하지 않고, 대신 생각을 관찰하고, 참여하지 않기로 의식적인 선택을 하는 것이다. 이는 사라진 양말의 수수께끼가 절대로 풀리지 않을 수도 있다는 것을 받아들이고, 더는 찾지 않기로 스스로 다짐하는 일과 같다.

대처 스크립트를 실천할 때 기억해야 할 세 가지 주의사항이 있다.

첫째, 로봇이 되어서는 안 된다. 만약 대처 스크립트를 무감각하고 암기식으로 읽고 있다면 잠시 멈추자. 단순히 반복해서 읽기만 하면 지금보다 더 단절될 가능성이 있다. 그러니 잠시 쉬어가면서 마음을 다잡고 음악이라도 한 곡 들은 후에 다시 해 보도록 하자.

둘째, 대처 스크립트를 강박관념으로 바꾸지 말자. 이 스크립트를 종종 '반응 방지 스크립트'라고도 부른다는 사실을 기억하자. 강박(혹은 걱정)에 저항할 때 보조적 역할을 하기 때문이다. 우리가 작성한 스크립트는 걱정을 사라지게 만들려는 목적이 아니라 걱정하기를 견디고 앞으로 나아가는 데 도움이 되는 도구가 된다는 데 그 목적이 있다. 물론 그렇게 한다면 불안이 낮아질 가능성이 크지만 이는 명시적인 목표가 아니다. 불안해지지 않으려고 노력할수록 우리는 더 불안해질 것이다. 그러니 잊지 말자. 우리는 내적 경험을 받아들이기 위해 이 전략을 취한 것이지 바꾸려고 하는 것이 아니라는 사실을 말이다.

셋째, 걱정하기가 아니라 걱정을 받아들이는 것이다. 이쯤 되면 당신은 '생각과 감정은 받아들이는 것이지 싸우는 것이 아니다'라는 사실을 통째로 외웠을 정도로 숙달되었을 것이다. 다만 한 가지 정말 중요한 차이를 명심하자. 우리가 지금 이야기하고 있는 것은 그저 머릿속에 처음 떠오른 원치 않는 생각, 즉 의심에 대한 인식을 받아들이는 일에 관한 것이지 반추를 받아들이라는 말이 아니다. 반추는 능동적이고 자발적인 과정이며 더 이상 하지 않기로 선택하기가 절대적으로 가능하다. 처음의 생각을 받아들이되 거듭 검토해보자는 초대는 거절하자. 불편한 감정은 받아들이되 그것을 사라지게 하려는 충동에는 저항하자.

‖‖‖‖ 주의를 집중시키는 근육을 길러라 ‖‖‖‖

앞서 설명했듯 주의는 뇌가 집중하기 위해 사용하는 메커니즘으로, 중요한 것과 가장 관련성이 높은 정보만 선택하여 과부하를 방지하는 역할을 한다. 주의의 우선순위 목록 맨 위에 무엇이 올라갈지 결정하는 기준은 매우 다양하지만 우리의 주의를 끌어내기에 가장 적합한 것은 위험이다. 생존을 위해서 우리는 주변의 위협에 대해 일정 수준의 경계가 필요하다.

내가 사는 집 뒷마당에서는 토끼를 자주 볼 수 있다. 토끼들은 행복하게 풀(내가 심어둔 채소까지)을 뜯어 먹고 평화롭게 어슬렁거리면서 마음껏 갉아먹는다. 단 우리가 개를 내보낼 때까지만이다. 토끼들은 우리 집 개가 문밖으로 나오는 것을 보자마자 재빨리 울타리를 뛰어넘어 도망가곤 했는데 지금은 자신들의 적수가 아니라는 것을 깨달은 것처럼 보인다. 우리 집 개는 토끼들을 쫓아가기는 하지만 나이가 많아서 위협적인 상대는 아니다. 그래서 이제 토끼들은 들키지 않으려고 가만히 움직이지 않고 있지만 계속 귀를 움직이며 우리 개의 움직임을 주시하고 너무 가까워지는 순간을 대비하는 모습을 볼 수 있다. 토끼들은 싸우거나 도망치지 않고 지켜보기만 한다. 주의를 기울이면서 말이다.

포식자를 피하는 작은 토끼라면 주의력의 이런 측면은 적응적이다. 불행하게도 실질적인 위협이 없는 상황에서 주의를 돌린다면 이 메커니즘은 우리 자신을 위해서가 아니라 반대로 작동하기 시작할 것이다. 자극되는 것들에 주의를 기울일수록 뇌에게 안전을 지키기 위해서는 이것들을 경계할 필요가 있다고 말하는 꼴이 되므로 결국 불안 주기에 갇혀버리게 될 것이다. 이 강화의 연결 고리를 끊으려면 주의를 기울이는 습관을 멈출 필요가 있다.

이제 분명히 해두자. 주의를 전환하는 일은 주의 돌리기와 같지 않다. 주의 돌리기는 인식을 제한하는 것으로, 불편한 내적 경험을 밀어내는 것이다. 이는 단순한 임시 방편이며 신중하게 집중할 수 있는 기술을 아직 구축하지 못했을 때 스스로 만들어낸 타협점이다. 주의 돌리기는 경주마가 곁눈 가리개를 쓴 것과 같다. 삶의 풍부함과 굴곡을 인위적으로 차단하고 대신 세상을 가능한 한 좁은 시각에서, 마치 불안 유발 요인들이 없는 것처럼 만들어 탐색하는 것이다. 이는 뇌에게 이런 메시지를 보내는 것과 같다. '너에게는 이런 생각(혹은 감정)을 다룰 능력이 없어. 그러니 괜찮아지려면 이런 것들을 없애기 위해 무언가를 해야만 해.'

주의를 전환하는 것은 다르다. 어떤 것도 인식 밖으로 밀어낼 필요는 없다. 우리는 쉽게 생각이 존재한다는 사실을 인정할 수 있다. 그리고 생각에 주의를 기울이지 않고도 그것을 위한 공간을 만들 수 있다. 생각 그 자체와 생각을 인식하는 것, 이 두 가지는 우리를 다치게 할 수 없다. 그러므로 조심히 다룰 필요가 없다. 원하는 대로 오가도록 허락하자. 신경 쓰지 않으면 될 일이다. 생각들을 밀어내려고 할 필요도 없고, 고민하며 시간을 낭비할 필요도 없다. 그런 생각들을 인식하게 있는 그대로 남겨두면서도 다른 곳으로 주의를 전환할 수 있다. 지금부터 주의를 집중하는 근육을 키우기 위해 시도해볼 수 있는 몇 가지 연습법을 알아보자.

ⅢⅢ 걱정이 있든 말든 현재에 집중하는 법 ⅢⅢ

평소 모기에게 물렸을 때 어떻게 하는가? 긁지 않으려고 하는 편인가? 물린 곳을 가려버리는가? 아니면 가려움 방지 크림을 바르는가? 혹시 하루 중 어느 시점에 문득 물린 곳이 가렵게 느껴지는 것을 궁금해 했던 적 있는가? 온종일 가렵게 느껴지는 일은 거의 없다. 아무리 크고 센 모기에게 물렸어도 하루를 지내는 동안 가려움은 우리 인식 밖으로 차차 사라졌다가 문득 나타날 것이다. 아마 물린 곳에 손이 닿았거나 옷이 스쳤을 때

그럴 수 있다. 그러면 모기 물린 곳에 대한 인식이 갑자기 바로 돌아온다. 그리고 긁는다면? 이제 정말 가려워지기 시작할 것이다. 하지만 우리 뇌는 결국은 다시 한번 가려움을 잊어버리게 될 것이다. 우리는 다시 일상의 요구에 몰두하고, 어떤 상황이 가려움을 불가피하게 다시 인식하게 만들 때까지는 잊고 지내리라. 이 과정은 또 반복될 수 있다. 중요한 것은 우리가 모기 물린 일에 참여(긁는 행위)하지 않을 수는 있지만 이를 인식하지 않으려고 노력할 수는 없다는 점이다. 노력할수록 오히려 인식의 최전선에 등장하니 말이다. 대신 통제하기를 포기할 필요가 있다. 모기 물린 곳에 대한 인식을 억지로 밀어내는 것이 아니라 진정한 의미에서 일상으로 돌아가 생활을 계속 이어나가면서 자연스럽게 물러나게 만들어야 한다. 우리가 상관없는 것처럼 대한다면 우리 뇌도 따르게 된다. 걱정도 이와 같다. 걱정은 인식의 안팎을 넘나들며 주기적으로 큰소리를 내겠지만 우리가 삶에 다시 집중하면 사라질 것이다.

나는 상담실을 찾은 내담자들에게 모기를 찾아서 주의를 집중하는 연습을 하라고 할 정도로 가학적인 사람이 아니다. 대신 '양말-동전' 게임을 권한다. 게임이란 명칭은 다소 부적절한 것 같으니 '실험'이라고 부르자. 우리가 할 일은 양말 안에 동전 하나를 넣는 것이다. 그게 전부다! 우리의 주의를 끌 만큼 성가시게 느껴지기는 하겠지만 너무 작아서 발에 닿지 않게만 하면 인식할 수 없을 정도다. 동전이 너무 어렵다면 작은 솜 뭉치로 시작해서 차근차근 크기를 늘려갈 수 있다.

이 실험의 목표는 동전을 알아차리지 않는 것이 아니라 동전을 일부러 모른 척하려는 노력을 하지 않는 것이다. 이해하기 어렵다면 다른 방법으로 말해보자. 내담자들은 양말-동전 실험을 한 후에 내 상담실에 와서 종종 이렇게 말하며 기뻐한다. "마지막에는 거의 알아차리지 못했어요!" 그러면 보통 나는 이렇게 대답한다. "좋아요. 하지만 동전을 알아차리는 일이 나쁜 건가요? 우리의 목표는 인식하는 것이 더 이상 중요하지 않다는 것을 알고, 그와 상관없이 계속 생활할 수 있게 되는 것 아닌가요?" 즉 원하지 않는 곳을 피하는 것이 아니라 원하는 곳으로 주의를 집중시키는 연습을 하는 것이다. 미묘한 차이지만 매우 중요한 차이다. 우리가 목표로 하는 것은 인식과의 평화로운 공존이며 불편한 경험을 남겨둘 공간이 있는 세계를 구축하는 것이다.

이 실험을 실제로 활용하고 싶다면 몇 가지 장치를 추가하여 재미를 더할 수 있다. 컴퓨터 화면에 '양말, 동전'이라고 적힌 메모를 붙이자. 휴대폰에 '동전 잊지 말기!'라고 알림을 설정한다. 또는 책상에 양말이나 동전을 둘 수도 있다. 둘 다 놓아도 된다! 완전히 몰입해보자. 인식에서 경험을 내보내려는 것이 아니라 인식과 새로운 관계를 맺는 것이다. 즉 무언가를 인식하되 상관없이 다시 일상에 계속 집중하는 것이다.

당신은 이렇게 질문할지도 모른다. '도대체 양말과 동전이 걱정하기와 무슨 상관이 있다는 것인가?' 합리적인 질문이다.

첫째, 이 실험은 양말과 동전에 관한 것이 아니다. 양말과 동전은 걱정을 대신하는 위험하지 않은 대체물일 뿐이다. 양말과 동전에는 아무런 내용이 없다(만약 당신에게 양말과 동전에 관한 충격적인 경험이 있지 않는 한). 또 이 두 가지가 아닌 다른 무엇이든 활용할 수 있다. 컴퓨터 화면에 '엄청난 금융 부채가 있다는 걸 잊지 마!'라고 적힌 메모를 붙이거나 휴대폰에 '현관문 잠그는 걸 잊었으면 어떡하지?'라는 알림을 설정할 수도 있다. 이렇게 하는 것이 다소 유치하거나 약간 이상해 보인다는 것을 안다. 하지만 내용 없이 불편함을 인식할 수 있다면 내용이 있어도 똑같이 할 수 있다. 중립적인 생각에서 해방될 수 있다면 더 강한 생각에서도 해방될 수 있다. 일부는 감정이 동반되고, 다른 일부는 동반하지 않을 수는 있어도 모든 것은 그저 생각일 뿐이다. 어떤 것이든 내용과 관계없이 모든 것에 주의를 기울여야 할 의무는 없다.

이 실험 활동을 하는 두 번째 이유는 해방되는 법을 배우는 것은 기술의 영역이기 때문이다. 그래서 단순히 손가락을 한 번 튕기는 것으로 걱정을 멈출 수는 없다. 더 이상 걱정에 갇히지 않도록 실질적으로 배우고 연습하고 기술을 개발해야 한다. 그러니 이 실험을 꼭 해보자! 양말 속 동전이어도 되고, 주머니에 구슬을 넣거나 셔츠 소매 안에 깃털을 두는 것도 된다. 아니면 일을 하려고 할 때 재정 문제를 떠올려볼 수도 있다. 모두 상관 없다. 무언가를 인식하고 다시 중요한 것으로 다시 주의를 집중하는 능력에 능숙해지자.

⫶⫶⫶⫶ 똑똑하게 주의를 전환하는 법 ⫶⫶⫶⫶

주의를 전환하는 것은 걱정하기를 극복하는 데 중요한 부분이다. 일단 걱정을 인식하고 나면 그저 알아차리거나 인정하는 것에서 그치면 안 된다. 우리는 적극적으로 관심을 끊고 현재 순간에 주의를 다시 집중해야 한다. 지금은 어렵게 느껴질지 몰라도 연습만 하면 더 나아질 수 있다!

내가 어렸을 때 처음 기타를 배우면서 기본 코드 D, G, C부터 익혔다. 코드에 대한 느낌을 잡으면 다음 단계는 여러 코드 사이를 넘나드는 연습이었다. 하나하나 다른 소리를 노래로 만들려면 코드 간 원활한 전환을 숙달해야 했다. 주의라는 개념도 이런 식으로 접근해야 한다. 집중만 잘하는 것으로는 충분하지 않으며 다양한 곳에 주의를 기울이고 그 사이에서 여러 번 주의를 전환하는 연습을 해야 한다. 자, 주의하기 연습을 위한 기본 코드들을 소개한다.

- **열린 인식**: 주의가 자유롭게 흘러가도록 두자. 인식은 광범위해서 마음의 초점이 풀려 있으면 인식이 가는 대로 주의도 끌려간다. 주의가 자유롭게 떠다니도록 그대로 두고 통제하지도 않으면서 특정한 것에 주의를 집중시키려는 노력 없이 여기저기를 떠돌도록 두자. 이는 참여가 아니며 의도적인 것도 아니다. 인식의 흐름이 어떠한 방해 없이 존재하도록 두는 것이다. 의도적으로 방향을 돌리려는 시도도 없어야 한다. 스스로 밀어내려고 애쓰기보다 끌려다니도록 두자.

- **집중된 주의**: 주의의 초점을 의식의 다양한 측면에 직접 비추자. 창밖의 새 소리나 먼 도로의 교통 소음을 인식해보자. 등 뒤에서 들리는 째깍거리는 시계 소리도 괜찮다. 몸의 통증이나 의자의 질감도 느껴보자. 입안에 살짝 남아 있는 커피의 맛과 주변의 공기 냄새를 느껴보는 것도 좋다. 마음속으로 흘러들어오는 생각들이나 잠시 멈춰 천천히 생각할 때 존재해 있는 감정들을 인정하자. 주의를 의도적으로 이러한 다양한 자극으로 옮겨서 집중시키고, 다시 의도적으로 한 가지 자극에서 다른 자극으로 옮겨가도록 하자. 특정한 것에 오래 집중하지 않아야 한다. 이는 일종의 주의력 스피드 데이트(speed dating, 미혼 남녀가 여러 사람을 잠깐씩 빠르게 만나보는 데이트 행사 —옮긴이)다. 순간적으로 각 항목에 주의를 집중시키고, 5~10초 정도 머무른 후에 다음으로 넘어가자.

- **지속적인 주의**: 이제 한 가지에 집중해보자. 주변에 우리의 관심과

주의를 끌려고 경쟁하거나 참여하게 만들려고 애쓰는 다양한 요소가 있다는 것을 알게 될 것이다. 이러한 요소들이 인식 속에 존재하도록 허용하되 우리의 주의를 사로잡지는 못하게 해야 한다. 그러고 나서 하나를 선택해 주의를 집중하면서 다른 것이 주의를 끌어도 자연스럽게 선택한 것으로 주의를 전환하자. 중요한 것은 자연스럽게 하는 것이다. 방해물을 차단한다거나 주의를 빼앗겼다고 자신을 비난하지 말자. 그냥 천천히 선택한 대상에 다시 계속 집중하면 된다.

다음으로 할 일은 이 세 가지 상태를 선회하는 것이다. 각 개별 연습에 익숙해지면 다음으로는 이러한 주의의 상태 사이를 오가는 연습을 해야 한다. 각각 1분 정도로 시작할 것을 추천한다. 힘들다면 일관되게 연습할 수 있다고 생각되는 시간으로 줄여도 좋다. 연습할수록 하나씩 조금 더 오랫동안 지속할 수 있게 될 것이다. 하나의 연습에서 다른 연습으로 이동하는 것을 반복하자. 마치 코드를 바꾸는 것처럼 주의의 이런 고유한 측면들을 숙달한 후 필요할 때 '연주'할 수 있도록 하는 것이 목표다.

이건 연습이라는 걸 기억하자. 더 많이 연습할수록, 더 많은 걸 얻을 수 있다. 이상적으로 본다면 매일 15분에서 20분 정도 이 연습을 하도록 권하고 싶다. 물론 이런 종류의 연습을 시작하고 유지하기가 어렵다는 사실을 알고 있다. 그러니 자신이 관리할 수 있을 만큼의 빈도와 시간으로 시작하기를 바란다. 단 몇 분이라도 할 수 있다면 괜찮다. 한 가지 더 기억할 점은 이 연습을 강박적으로 만들어서는 안 된다는 것이다! 이는 불안 유발 요소가 나타난 순간, 불안을 사라지게 만드는 도구가 아니라 불안을 관리하는 데 필수적인 기술을 키우기 위한 연습이다.

나는 요즘에는 기타를 많이 연주하지 않는다. 어린 자녀들이 있고, 일도 바쁘고, 꾸준하게 기타를 칠 시간이 없다. 하지만 아직도 모든 코드를 기억하고 있다. 어떤 프렛과 어떤 줄에 손가락을 놓아야 하는지 설명할 수 있지만 그렇다고 해서 내가 기타를 잘 친다는 의미는 아니다. 내 손가락의 굳은살은 이미 사라진 지 오래다. 기타를 다시 집어들고 좀 더 규칙적으로 연습하게 된다면 실력이 다시 살아날 거라고 확신한다. 하지만 꾸준히 연습할 시간부터 먼저 알아야 한다. 무슨 말을 하고 싶은 것인지 이해했을 것이다. 걱정하기를 멈추는 방법을 단순히 아는 것과 걱정하기를 멈추기 위한 기술을 연습할 시간을 만드는 것은 매우 별개의 일이라는 것을 말이다.

⁙⁙⁙ 생각에서 벗어나는 방법은 많다 ⁙⁙⁙

지금까지 우리 뇌가 정보를 분류하는 방식을 분석하고 인식과 주의, 참여라는 정신적 과정을 소개했다. 또 인식과 주의를 다루는 기술을 강화하고 이 과정을 더 효과적으로 연습할 수 있는 방법들도 살펴보았다.

다음에 이어서 이야기할 주제는 끈질기게 따라오는 생각에서 벗어나는 데 효과적인 기술들을 계속해서 개발할 것이다. 수용전념치료는 우리가 경험에 대한 중심을 다시 잡을 때 도움을 주는 치료 모델이다. 이는 생각과 감정에 따라 결정되는 삶에서 벗어나 가치와 의미가 중심이 되는 삶으로 바꾸는 방법을 의미한다. 이를 위해 먼저 자신의 내적 경험을 있는 그대로 관찰한 다음 생각과 감정에서 벗어나는 방법을 찾아야 한다.

걱정과 불안에 속지 마라

나는 현재에 대해 자문했다. 현재는 얼마나 넓으며, 얼마나 깊은지
그리고 그중 내가 간직해야 할 것은 얼마만큼인지.

– 커트 보니것 *Kurt Vonnegut*, 《제5도살장》 중에서

인간은 인식과 복잡한 관계를 맺고 있다. 이는 우리를 다른 동물종과 구분 짓는 요소 중 하나다. 우리는 단순히 생각과 감정, 본능을 가진 것만이 아니라 이 사실을 '알고 있다'. 이 안다는 것이 바로 까다로운 부분이다. 인간은 메타 인식, 즉 내적인 정신적 과정을 인식하는 능력을 가지고 있지만 그 능력에 일관되게 접근하지는 않는다. 우리는 자신의 경험을 아주 명료하게 파악할 수 있는 조감도를 활용하여 정신적으로 확대할 능력이 있는 반면 때로는 생각과 감정에 완전히 빠져버릴 수도 있다.

말하자면 내면세계를 인식하는 훌륭한 능력을 가졌지만 이를 최대한 활용하기 위해서는 그 기술을 발전시키고 연마해야 한다. 생각에 얽매이는 일에서 벗어날 수 있을 때 비로소 우리는 내적 경험이 우리의 운명을 결정짓는 대로 끌려가는 것이 아니라 동반자가 되는 삶을 살 수 있다. 우리는 인식을 주도할 수 있는 능력이 있으며 이 능력에 일관성 있게 접근하기 위해서는 연습이 필요하다.

이 책에서 소개하는 전략들은 여러 다양한 치료 방식에서 가져온 것이다. 인지행동치료, 수용전념치료, 메타인지치료 그리고 추론기반요법에서 조금씩 영향을 받았다. 이 특정한 양식들의 조합을 선택한 이유 중 하나는 접근 방식이 모두 다르지만 특정 영역에서는 중복되는 부분이 있기 때문이다. 각 접근법에는 새로운 관점을 기르기 위해 내적 경험을 인지해야 한다는 설명을 어느 정도 포함하고 있다. 즉 더 이상 경험에 빠져 길을 잃지 않는 대신 경험의 의도적인 관찰자가 되어 반응하는 법을 배울 것이다. 현재 순간의 경험에 대한 인식을 키우고 객관화한다면 상상력에 전적으로 좌우되지 않고 정신적 경험에 적절하게 반응할 수 있는 매개체를 구축할 수 있다.

이 개념은 여러 양식 전반에 걸쳐 다양한 방식으로 논의된다. 이를테면 수용전념치료는 마음챙김과 생각의 탈융합에 초점을 둔다. 메타인지치료에서는 거리를 두는 마음챙김 기술을 연습하며 추론기반요법은 지금 현재와 연결되는 것을 통해 상상력을 흡수하는 것을 목표로 한다. 우리는 각 개념 사이에 차이를 분석할 수 있지만 궁극적으로 보면 서로 다르기보다는 비슷하다고 할 수 있다. 각 방식은 모두 내적 경험(생각, 감정, 믿음, 추론 과정)에 대한 인식을 키우는 것에서 시작하여 그 순간의 관점과 맥락을 활용하여 더욱 적응적인 반응을 향해 나아가는 것을 목표로 한다. 이러한 양식들은 각각의 방식으로 내면세계와의 관계를 배우는 것의 중요성을 강조한다. 걱정하는 과정을 없앴을 수 있기를 희망하기에 앞서 먼저 걱정하는 순간에 이를 포착하여 인식할 수 있어야 한다.

앞으로 이야기할 내용은 우리 마음의 속임수가 무엇인지 알아보는 것이다. 탈융합 기술을 본격적으로 이야기하기에 앞서 기본 개념들부터 명확히 이해하자.

|||||| 나와 감정을 분리하지 못하는 이유 ||||||

인지 융합cognitive fusion 이라는 용어는 많이 들어 익숙하겠지만 실제로 융합에는 많은 종류가 있다. 명칭에서 알 수 있듯 융합은 내적 경험에 갇혀서 생각이나 감정에 몰입할 때 일어난다. 그렇게 되면 마음을 관찰하면서 이해를 할 수 없게 되고, 생각과 감정이 현실을 주도하기 시작한다. 융합은 이러한 덧없는 정신적 경험에서 벗어나려고 애쓰는 과정에서 오히려 그 경험이 인식을 주도하고 행동을 이끌도록 만든다. 당신은 생각을 단순히 생각 자체로 볼 수 없거나 감정을 일시적인 느낌의 급증으로 보지 못하고 그 안에서 벗어날 수 없게 된다. 이를 관찰한 것에 근거하지 않고, 추상적이고 일시적 느낌이나 순간적인 감정의 흐름과 '융합'된다고 한다. 이렇게 생각의 구름 아래에 파묻힌 개인적인 경험에 휩쓸리면 그보다 아래에 존재하는 당신은 길을 잃게 된다. 하지만 당신은 당신의 생각이나 감정이 아니다. 그와는 별개의 존재다. 별개의 존재인 나 자신을 구해내려면 먼저 탈융합해야 한다.

다음 몇 가지 일반적인 융합 유형을 알아보자.

1. 사고-행위 융합

융합은 생각을 행동으로 혼동하고, 가정을 현실과 혼동하기 시작할 때 일어난다. 당신이 무언가를 생각하면 그 일은 실제로 일어날 것이다. 그래서 생각하는 것은 행동하는 것만큼 나쁘다. 사고-행위 융합thought-action fusion에서는 생각과 행동 사이의 경계가 불분명하고, 이 둘이 동일한 것처럼 취급되기 시작한다. 강박장애를 가진 사람들과 불안장애를 가진 사람들의 경우 모두 사고-행위 융합 측정에서 더 높은 점수를 받았다는 연구 결과가 있다. 일반적으로 사고-행위 융합은 다음의 두 가지 방식으로 나타난다.

첫째, '미신적 초능력'이다. 문헌에서는 '가능성 사고-행위 융합likelihood thought-action fusion'으로 언급되는 사고-행위 융합의 이러한 측면은 우주적 징크스와 비슷하다. 일반적으로 특정한 생각이나 생각에 대한 인식이 결과에 영향을 미칠 수 있다는 믿음이 포함된다. 때때로 사람들은 나쁜 것을 생각하면 나쁜 일이 벌어질 가능성이 커진다고 믿는다(예를 들어 개가 죽을 거라고 생각하면 실제로도 죽게 될 것이다). 때로는 무언가 좋을 것을 생각하면 그 생각이 숙명적으로 좋은 일을 가져온다고 믿기도 한다(예를 들어 개가 행복하게 오래 살기를 바라면 그렇게 될 것이다). 또 때로는 생각이나 에너지를 특정 결과로 돌리면 운명의 바람을 다른 방향으로 흔들게 된다고 믿는다(예를 들어 개가 괜찮다는 것을 알았기 때문에 이제는 괜찮지 않을 것이다).

각각의 예에서 생각은 결과를 좌우할 힘을 부여받는다. 따라서 사고-행위 융합 수준이 높은 사람들이 자신의 생각에 책임감을 느끼고 생각들을 억누르기 시작하는 것이 당연하다. 생각과 결과가 직선적으로 연결되었거나 더 나아가 우주적 파급 효과가 있다고 느낄 때 사람들은 종종 피해를 피하고자 나쁜 생각을 자제해야 할 의무를 느낀다. 만약 개가 죽는 것에 대해 생각하는 것이 개를 죽이게 된다고 믿는다면 개를 보호하기 위해 좋은 생각만 해야 할 책임이 있다. 불행하게도 생각을 통제하거나 억제하려는 노력은 의도치 않게 불안 주기를 강화시키고 걱정을 증가시키는 결과로 이어진다.

사고-행위 융합은 때로는 어떤 것을 생각함으로써 자기 자신에 대한 무언가를 근본적으로 바꾸고 있다는 믿음으로 지속되기도 한다. 예를 들어 폭력적인 생각을 하면 폭력에 둔감해지고, 그 생각에 따라 행동할 가능성이 더 커진다고 믿는 것이다. 이쯤에서 궁금증이 생겼을 사람들을 위해 말하자면 이는 일반적으로 생각이 작동하는 방식이 아니다. 우리 모두 거슬리는 생각을 가지지만 그런 원치 않는 정신적 활동은 일시적이며 우리의 행동과는 아무런 관련이 없다. 한 연구는 산모들을 대상으로 이 현상을 조사하여 불쑥 나타나는 위험에 관한 생각과 실제 위험한 행동 사이의 연관성을 살펴봤고 결과적으로 아무런 관련이 없는 것으로 나타났다. 위험과 관련된 강박적인 생각에 시달리고 있던 산모들이었지만 그런 생각에 영향받은 행동을 취할 가능성이 더 크지는 않았다. 위험에 집중된 생각들은 강박장애의 가장 전형적인 특징이지만 사고-행위 융합은 불안장애, 사회불안장애, 공황장애 등 다른 불안장애와도 관련이 있다.

둘째, '도덕적 결함'이다. 사고-행위 융합의 또 다른 유형은 도덕과 관련 있으며, 생각에는 좋고 나쁨이 있다고 믿는 경우를 말한다. 즉 우리의 마음을 맴도는 생각에는 도덕적 또는 윤리적 요소가 있다는 믿음이다. 예를 들어 다음과 같다.

- 나쁜 것을 생각하는 일은 실제로 하는 것만큼 나쁘다.
- 불쾌한 생각이 나타난다는 것은 나에게 어떤 이유가 있다는 뜻이다.
- 나는 이런 생각을 해서는 안 된다.

 이렇게 인지적 경험들을 잘못 해석하는 것은 책임감을 강화해 행동이 필요하다고 느끼게 만들기 때문에 중요하다. 이를테면 '이런 생각을 하는 건 나쁜 거야. 나는 그 생각에 대해 행동으로 책임져야 해'라고 느끼는 것이다. 이는 단순히 자신의 생각을 바꿔서 주변 세계의 사건들을 통제하고, 주변 사람들을 보호하려는 시도로 이끈다. 이 관점에서 보면 생각을 해결하거나 특정 방향으로 조정하려고 시도하는 것은 타당해 보인다.

 하지만 생각은 행동이 아니다. 우리는 생각을 통제할 필요도, 막거나 억제할 필요도 없다. 생각은 우리에게 해를 가할 수 없으며 다른 누구에게도 그럴 수 없다. 생각은 생각일 뿐이며 단어나 이미지의 집합일 뿐이다. 개념적이고 추상적이며 현실이 아니라 현실을 정신적으로 표현한 것에 불과하다. 스릴러 소설의 거장 스티븐 킹이 무서운 생각들을 많이 한다는 이유로 그를 감금해야 할까? 인페르노Inferno의 그 모든 끔찍한 일들을 떠올린 단테는 어느 지옥의 고리에 살아야 하는 것일까? 다행히도 불편한 개념들을 정신적으로 떠올릴 수 있는 우리의 능력은 걱정할 만한 것이 아니다.

미술관에 간다고 상상해보자. 관람 중에 우연히 내 모습을 그린 그림을 발견했다. 하지만 평범한 초상화는 아니다. 그림 속에 내가 폭력을 저지르고 있다면 어떨까? 혹은 그림의 제목이 '살인자의 초상화'라고 적혀 있다면 어떨까? 그렇다고 해서 내가 살인자가 되는 걸까? 단순히 그림이 그렇게 말하고 있다는 이유로 나는 나쁜 사람이라는 결론에 이르게 될까? 그렇다면 그림이 나를 광대로 묘사했다면 어떨까? 또는 회계사라면? 그렇다. 모두 가정일 뿐이다. 다른 모든 생각과 마찬가지로, 이 가정들은 우리 주변의 현실 세계와 어느 정도 닮았지만 현실이 아니다. 우리의 생각은 끝없이 창의적이지만 본질적인 의미가 있지는 않다. 생각의 의미를 결정하는 건 우리 자신이다.

2. 감정적 추론

감정적 추론은 감정적 경험이 (생각과 반대로) 현실을 정의하는 것을 일컫는다. 여기서 우리는 어떤 감정이 존재한다는 것은 특정 결과와 동의어라고 가정한다. 감정적 추론에서는 감정이 잠재적인 지표가 아니라 확실한 예측 변수가 된다. 무언가를 느낀다면 그 감정은 실재적이고 의미 있는 것이 된다. 유연성도, 해석의 여지도 없다. 예를 들어 다음과 같다.

• 내가 불안하다면 어딘가에 위험이 있을 것이다.

• 죄책감을 느낀다면 내가 무언가 잘못한 게 분명하다.
• 부끄러움이 든다면 모든 사람이 나를 비판하고 있는 게 분명하다.
• 무언가가 불완전하다고 느껴지면 잘못된 것이 틀림없다.

감정은 지표 역할(예를 들어 위험을 알려주는 불안감)을 할 수 있지만 항상 중요한 별표가 있다는 것을 기억할 필요가 있다. 즉 불안은 위험에 처할 수 있다는 의미이며 죄책감은 무언가 잘못된 일을 저질렀을 수 있다는 것을 의미한다는 사실이다. 운전 중에 경적 소리를 듣는 것과 비슷하다. 실제로 무언가를 잘못했을 수도 있지만 그저 '적색 신호일 때 우회전 금지' 표지판을 보지 못한 성급한 운전자일 수도 있다. 우리는 감정적 알림이 실제로 유용한지 판단하기 위해 상황을 빠르게 다시 한번 살펴보아야 할 것이다.

3. 믿음과의 융합

또 다른 융합 유형으로는 자신의 믿음과 일치하지 않더라도 자동으로 나타나는 정신적 이야기에 빠져들게 되는 것이 있다. 우리는 모두 지름길이 필요하다. 매번 처음부터 다시 시작할 필요가 없도록, 또 세상을 더 매끄럽게 헤쳐 나갈 수 있도록 도와줄 편리한 정신적 지도와 이야기가 필요하다. 우리 자신과 주변 세상에 대한 믿음은 도움이 될 수도 있지만 방해가 될 수도 있다. 이야기가 잘 맞지 않는 상황에 갇히면 대체로 이를 업데이트하거나 완전히 모두 포기하는 것이 가장 좋다. 하지만 때때로 우리는 이야기가 도움 되지 않다는 게 증명된 지 한참이 지난 후에도 단단히 집착하곤 한다. 예를 들어 다음과 같다.

- 어떤 대가를 치르더라도 성공하기 위해 항상 가능한 모든 것을 해야 한다.
- 이 일을 더 잘해야 한다.
- 이 문제를 해결할 수 있어야 한다.
- 확신을 가져야 한다.

오래된 믿음은 많은 고통을 불러일으킬 수 있다. 대개 우리는 어릴 때 세상에 대한 기본적인 이야기를 만들어 놓는다. 하지만 불행히도 유년기에는 표본 크기가 크지 않다. 주변 사람들, 즉 부모나 형제, 친구들은 그 외 나머지 세상을 대표하는 사람들이 아닐 수 있다. 부모님이 변덕스럽거나 엄격해서 당신은 절대 실수하지 않으려고 애쓰는 방식으로 적응했을 수 있다. 친구들이 못되게 굴어서 당신은 아무도 화나게 하지 않는 방식으로 조용히 자신을 보호했을 수도 있다. 이러한 조정은 당시 상황에서 유용하고 적응적이었다. 그 당시 최선의 방법을 찾은 것이다. 하지만 어느 시점에서 상황이 바뀌었는데도 당신은 그 접근 방식을 업데이트하지 않았을 것이다. 실수를 어떻게든 피한다면 실수가 용인될 수 있고, 심지어 도움이 될 수도 있다는 것을 배울 기회를 놓치게 된다. 다른 사람을 만족시키려고 하고 무슨 일이 있어도 충돌을 피하려고만 한다면 나만의 선을 지키며 자신의 욕구를 충족하면서도 친절하고 배려심 있는 좋은 친구가 될 수 있다는 것을 배울 기회를 잃을 수 있다.

이처럼 때때로 오래된 믿음들이 계속해서 남아 있는 경우가 있다. 우리는 그런 믿음들이 어디서부터 시작되었으며 왜 더 이상 효과가 없는지를 정확히 이해하는 통찰력이 생겼는데도 여전히 방해가 될 때 좌절감을 느낀다. 머리로는 자신이 완벽하지 않아도 괜찮다는 것을 알지만 오래된 믿음은 쉽게 없어지지 않고 그 느낌을 떨쳐버릴 수가 없다. 이런 순간에 탈융합이 도움이 된다. 한 발짝 뒤로 물러서서 그런 믿음들을 바라본다면 자신의 행복에 더 잘 맞는 선택을 할 수 있는 여유를 가질 수 있다. 감정이 해결되거나 오래된 믿음이 사라지기를 기다릴 필요가 없다. 그 믿음에서 벗어나 객관적으로 직시한다면 그 과정을 우회할 수 있다. 자기 자신에 대한 규칙들, 즉 세상에서 자신의 역할과 스스로 어떤 사람이 되어야 하는지에 대한 것들은 불변적인 것이 아니다. 있는 그대로 자신의 믿음을 볼 수 있는 여유를 가진다면 그런 것들에 얽매이지 않고 지금 이 순간의 나 자신에게 더 나은 선택을 할 수 있다.

⦀ 머릿속 생각은 '진짜'가 아니다 ⦀

이제 재미있는 부분을 시작하겠다. 융합에 대해 충분히 이야기했으니 탈융합을 살펴보자. 당신은 이제 빠져나올 필요가 있다. 말하자면 당신이 생각에 여전히 녹아들어 있는 한 걱정하기를 멈출 수 없을 것이다. 당신은 마치 생각과 감정이 무시할 수 없는 힘을 지닌 것처럼 반응하는 데 익숙해져 있다. 하지만 생각은 우리가 그것이 '환상'인 것을 알아채지 않기를 바라면서 커튼 뒤에 숨어 있는 오즈의 마법사와 같다. 이런 속임수는 몰입하고 있을 때는 매우 무섭고 현실적으로 느껴질 수 있지만 우리는 커튼을 들어 올릴 수 있다. 수용전념치료 치료사이자 트레이너인 러스 해리스Russ Harris는 '배 위의 악마들Demons on a Boat'이라는 비유를 사용하여 이 진실의 커튼을 들어 올리는 과정을 묘사한다. 다음은 그 내용의 요약본이다.

바다 한가운데서 배를 몰고 있는 상황을 상상해보자. 갑판 아래에는 악마 무리가 있다. 거대한 발톱과 날카로운 이빨, 고약한 냄새를 풍기며 소름 끼치는 울음 소리를 내는 등 끔찍한 모습이다. 하지만 악마들은 우리와 거래를 했다. 배를 바다에서 목적 없이 표류하게 하는 한 건드리지 않겠다고 말이다. 그렇게 악마들은 갑판 아래에 남아 있고, 우리는 계속 표류한다.

어느 날 우리는 배를 다시 항구 쪽으로 돌리기로 결심한다. 그러자 악마들이 갑판 아래에서 쏟아져 나와 이를 갈며 으르렁거린다. 우리는 겁에 질려서 단념한 채 배를 다시 바다 쪽으로 돌린다. 약속대로 악마들은 다시 갑판 아래로 돌아가고 우리는 안도의 한숨을 내쉰다. 시간이 흐르자 우리는 바다에서의 삶에 불만을 느끼기 시작한다. 불안하고 우울하며 지루하고 외롭다. 그리고 해안으로 향하는 다른 배들을 보고 용기를 끌어모아 다시 한번 배를 돌리기로 결심한다. 예상대로 악마들이 갑판 아래에서 날아 올라온다. 그들은 위협하고 울부짖으며 악마로서 할 수 있는 모든 일을 하지만 알고 보니 거기까지가 힘의 한계였다. 그들은 우리를 만질 수 없고, 다치게 할 수도 없다. 악마들이 할 수 있는 일은 크게 울부짖고 무섭게 행동하는 것뿐이다.

일단 악마가 실제로 우리를 해칠 수 없다는 사실을 깨달으면 그들은 무력해진다. 그들이 가진 힘은 협박뿐이다. 한편 우리가 가진 힘은 악마의 존재를 받아들이고 있는 그대로 직시하는 능력이다. 악마와의 공존을 기꺼이 받아들이고 그들의 사악한 행동을 용인하는 한 우리는 원하는 곳 어디든 배를 조종할 수 있다.

모든 사람은 탈융합할 수 있는 능력을 갖고 있다. 실제로 우리는 항상 이 능력을 펼치고 있다. 현재를 살면서 주변의 현실 세계와 연결되는 순간들이 바로 그것이다. 의심이나 비난에 얽매이지 않고 결정을 내릴 수 있다. 감정 시스템의 오류를 인식하고 고통이나 불편함에 굴복하는 대신 자신의 가치에 따라 행동하기를 선택하는 순간들도 있다. 당신은 이미 수없이 이렇게 해왔기에 탈융합할 수 있다.

하지만 부족한 부분이 있다면 탈융합 기술을 갖추는 것이다. 무작위로 결과를 얻은 것은 좋은 결과를 얻기 위해 의도적으로 기술을 개발하는 것과는 다르다. 즉 농구할 때 자유투를 한 번 성공했다고 해서 계속해서 공을 골대에 넣을 수 있는 기술을 가진 것이라고 말할 수 없다. 그러기 위해서는 연습과 반복이 필요하다.

평소 내담자들에게 탈융합 연습을 가르치면 그들은 종종 노력했지만 '효과가 없었다'라는 결과를 가지고 돌아온다. 그 말은 대개 고통이 사라지지 않았다는 것을 의미한다. 탈융합은 두려움이나 걱정을 기적처럼 즉각 사라지게 하지 않는다. 그래서도 안 된다. 두려움이나 걱정을 다른 방식으로 대하기 위한 도구이지 그 감정들을 바꾸는 도구가 아니기 때문이다. 물론 이런 경험들과 보다 적응적인 방식으로 연결되어 있다면 감정들은 저절로 사라질 가능성이 높을 거라고 예상할 수 있다. 하지만 이는 우리의 명시적인 목표가 아니다. 우리의 목표는 더 의도적으로 행동할 수 있도록 여유를 갖는 것이다. 감정에게 붙잡힌 자신을 떼어낸 후 감정 자체가 아니라 삶을 다시 통제할 수 있게 되는 것이다. 탈융합하면 우리는 유연성을 가지고 독립적으로 살고 행동할 수 있게 되며 특정 순간에 일어나는 어떤 생각이나 감정, 믿음에도 구애받지 않을 수 있다.

내 운동 신경이 중간 수준이라는 점을 고려해서 만약 NBA 결승전 마지막 순간에 벤치에서 불려나가 자유투를 던지게 된다면 어떤 일이 벌어질지 상상해보자. 아마 그 슛은 성공하지 못할 거라고 생각할 것이다. 만약 내가 오랜 시간 동안 자유투를 연습했다면 답은 달라질 수도 있다. 이는 당신과 탈융합에 있어서도 마찬가지다. 만일 당신이 걱정에 깊이 빠져 있거나 공황상태가 최고조에 달했을 때 탈융합 기술을 사용하려고 한다면 아마도 잘 이뤄지지 않을 것이다. 상황이 괜찮을 때 연습을 시작하자. 불안 수치가 10에 이를 때까지 기다리지 말고, 2정도일 때 적용해보는 연습을 하자. 힘든 상황에서 탈융합 기술을 사용하는 것은 어느 정도 숙달되어야 하지만 숙달하기 전에 먼저 필요한 건 기술의 확립이다. 매일 연습할 시간을 정해두고 일상의 규칙적인 부분으로 만들자. 탈융합은 비상사태를 해결하는 기술이 아니라 강화하고 연마해야 하는 메타인지 근육이다. 힘들 때 이 기술에 접근할 수 있으려면 먼저 기초를 다져야 한다.

⁝⁝⁝⁝⁝ 걱정과 똑똑하게 공존하는 법 ⁝⁝⁝⁝⁝

여기 탈융합을 연습해볼 수 있는 몇 가지 예시가 있다. 상상적, 언어적, 물리적 이렇게 세 가지 범주로 나누었다. 쉽게 말해 생각하기, 말하기, 행동하기를 통한 탈융합이다. 특정한 하나의 방법에 너무 얽매이거나 굳어지지 않도록 여러 방법을 시도하는 것을 추천한다. 이 연습은 탈융합 과정을 쉽게 하는 것을 목적으로 한다.

1. 상상을 통한 탈융합

생각을 개울에 떠 있는 나뭇잎이라고 상상해보자. 천천히 흘러가는 물살 속에 하나씩 표류하면서 의식 속으로 흘러 들어갔다가 다시 밖으로 나가는 모습을 떠올리자. 나뭇잎을 붙잡거나 경로를 바꾸려고 하지 말고, 그저 간섭이나 판단 없이 우리의 마음속에 흘러가도록 내버려 두자. 각각의 생각이 떠오를 때마다 멀리 떨어져서 지켜보고 행복하게 떠다니도록 두자.

이번에는 생각이 공중에서 가볍게 떠다니는 하늘 속 구름이라고 상상해보자. 여러 구름이 하늘 속에서 움직이는 모양을 그저 관찰하면서 오고 가는 것을 지켜보자. 구름은 빠르게 움직이기도 하고, 느리게 움직이기도 할 것이다. 그 모습을 어떤 식으로 바꾸고 싶은 마음이 들 수 있다. 구름을 바꾸고 싶은 욕구를 인정하되 통제하고 싶은 마음은 포기하자. 우리 자신은 구름이 아니라 무수한 생각이 오고 갈 수 있는 충분한 공간이 있는 무한한 하늘이라는 점에 주목하자.

마음속에 자신의 걱정 어린 생각에 대한 장면을 하나 만들어보자. 그 장면 그대로 이번에는 장르를 바꾸어보자. 서부극, 코미디, SF도 괜찮다. 웨스 앤더슨이나 마이클 베이, 쿠엔틴 타란티노가 감독을 맡는다고 상상하자. 기억하기 쉬운 짤막한 노래로 완성된 광고가 될 수도 있다. 또는 위기일발 이야기가 난무한 리얼리티 TV쇼가 될 수도 있다. 당신의 생각이 얼마나 유연할 수 있는지에 주목하자. 극장 공연으로 만드는 것도 시도해보자. 화려한 브로드웨이 공연이나 특별한 장식이 없는 소규모 지역 극단 공연이 될 수도 있다. 내용은 그대로지만 맥락은 다양하게 바뀔 수 있다.

다양한 상상을 제공해준 것에 대해 자신의 마음에게 감사를 표하자. 반박하거나 저항하기보다는 그런 상상력을 펼쳐낸 것에 감사를 전하면 된다. '그런 상상으로 내 주의를 끌어줘서 고마워. 하지만 나는 다른 방향으로 가야 할 것 같아'라고 말이다.

이번에는 걱정을 임의의 물체에 배치해보자. 생각을 주변 물체에 배치하는 방법을 통해 탈융합을 구축할 수 있다. 그 물체에 맞닥뜨릴 때마다 의도적으로 생각을 떠올리고, 정신적인 연관성을 만들자. 이 연관성의 임의적 특성에 주목해야 한다. 휴대 가능하다면 물체를 가지고 다니면서 생각을 피하지 말고 하루를 지내보자. 생각과 물체가 당신과 함께 다니지만 당신의 행동을 지배할 필요는 없다.

2. 언어를 통한 탈융합

큰소리로 이렇게 말해보자.

"나는 내가 ＿＿＿＿＿＿＿＿＿＿＿＿ 라는 생각을 하고 있는 것을 안다."

이때 빈칸에 들어갈 당신의 생각을 웃긴 목소리나 억양으로 말해보자. 로봇이나 대피 덕(Daffy Duck, 루니툰에 등장하는 검은 오리 캐릭터 – 옮긴이), 쿠키 몬스터(Cookie Monster, 세서미 스트리트의 캐릭터 – 역주)처럼 말하는 것이다.

당신의 생각을 말할 때 속도를 바꿔보자. 각 음절을 하나씩 떼어서 천천히 말해보자. 그런 다음 이번에는 경매사처럼 빠르게 말해보자. 혹은 구글 번역기를 사용하여 다른 언어로 번역한 후 해당 언어로 소리 내어 말해보자. 멜로디에 맞춰 노래로 불러볼 수도 있다. 생일 축하 노래나 친숙한 동요의 멜로디도 괜찮다. 비꼬는 어투로도 말해보자. "어이, 뇌! 잘하는 짓이다!", "오늘 정말 기세 좋네!" 이렇게 말이다.

3. 물질을 통한 탈융합

종이 위에 "나는 내가 ＿＿＿＿＿＿＿＿＿＿＿＿ 라는

생각을 하고 있는 것을 안다."라고 쓴 다음 종이비행기로 만들어서 날리거나 접어서 주머니에 넣어버리자.

원하지 않은 생각들을 '플레이리스트' 목록으로 만들 듯 계속 써나가라. 마음에 나타나는 이야기들은 대개 독창적이지 않다. 종종 이전의 생각이나 주제를 변형한 것들이다. 목록에 있는 각각의 생각에 노래 제목을 붙여보자.

이번에는 당신의 생각을 그림으로 그려보자. 현실적이어도 되고 추상적이어도 괜찮다. 피카소, 마티스, 달리 같은 스타일로 그려도 된다. 장편 만화나 단편 만화여도 좋다. 만화로 만들고 어떻게 하면 더 재미있게 만들 수 있을지 생각해보자. 혹은 신문 헤드라인으로 만들자. 예를 들면 이렇다. "현지 남성, 저녁 파티에서 어색한 농담을 한 후 친구도 없이 홀로 사망."

당신의 마음에게 입사 불합격 통지서를 써서 보내라. 예를 들면 이렇다. "이 자리에 관심을 가져주셔서 감사합니다. 귀하는 걱정을 끄집어낼 수 있는 예리한 능력을 가졌습니다. 하지만 이번에 우리는 가치와 의미 중심으로 사는 삶을 선택했습니다. 무작위로 나타나는 두려운 생각들은 아마 다른 조직에 더 잘 어울릴 것입니다. 시간을 내주셔서 감사드리며 귀하의 미래에 행운을 빕니다."

⫸⫷ 중요한 것은 연습이다 ⫸⫷

지금까지 살펴본 탈융합 연습 중 일부는 다소 유치할 수 있다. 어쩌면 진부하거나 당혹스럽게 들리며 억지스럽다는 생각이 들어 짜증이 날 수도 있다. '개울에 떠 있는 나뭇잎' 같은 부자연스럽게 강요되는 평화로움에 반감을 느낄지도 모르겠다. 중요한 사실은 이 연습들이 실제로 효과가 있다는 것이다. 단지 이 책을 계속 읽기만 해서는 기술을 습득할 수 없다. 서서히 터득되는 탈융합 기술이란 없다. 반드시 경험적으로 체득되어야 한다. 그러니 편안한 공간에서 벗어나자. 당신에게 필요한 도구 상자를 꾸리는 길에 자의식이나 판단이 방해하게 해서는 안 된다. 연습하라. 당신이 해야 할 일은 걱정을 더 잘 다룰 수 있는 기술들을 개발하는 데 필요한 일을 하는 것이다. 배 위에 있는 악마들이 자의식이나 불편함이라면 당신은 자신에게 중요한 곳으로 배를 돌리면서 그 악마들이 동행하도록 놔두어서는 안 된다.

이제 거의 끝에 다다랐다. 우리는 걱정과 불안이란 무엇인지 알아보고 또 어떻게 작용하는지 배웠다. 또 걱정을 다른 방식으로 대하는 전략들도 살펴봤다. 걱정을 느낄 때 더 효과적으로 반응할 수 있도록 도와주는 몇 가지 연습도 해보았다. 마지막 이야기에서는 걱정과 함께 타협하며 살아가는 데 도움이 되는 특징들을 알아보겠다.

Chapter 4

걱정과 적당히 타협하며
살기로 했다

걱정으로부터
자유로운 사람들의 비밀

정신은 다양한 언어를 구사한다. 두려움을 증상으로 바꿀 수 있듯
희망으로도 바꿀 수 있다.

– 솔 벨로 *Saul Bellow*, 《비의 왕 헨더슨 *Henderson the Rain King*》 중에서

이 책에서 설명한 많은 도구는 걱정과 함께 살아가는 데 필요한 방법들이다. 스스로 생각과 감정에 갇히기 쉬운 사람임을 알고 그에 적응하고 보상하는 방법들인 것이다. 그런데 걱정에 대한 보상이나 해석이 필요 없는 사람들은 어떤 모습일까? 물론 그중 일부는 운이 좋거나 유전적인 특성을 갖고 있을 수 있지만 걱정으로부터 자기 자신을 보호하는 데 도움이 되는 태도와 실천 방법이 있을 수도 있다. 걱정 없는 삶이 목표는 아니지만 걱정하지 않는 사람들에게서 배울 수 있는 것들이 있다. 지금부터

걱정의 영향으로부터 스스로 보호하는 데 도움이 될 몇 가지 특징들을 살펴볼 것이다. 특히 불완전성, 자기신뢰, 의지 그리고 자기연민에 중점을 둔다.

ⅠⅠⅠⅠⅠ 완벽하지 않아도 괜찮아 ⅠⅠⅠⅠⅠ

아툴 가완디 Atul Gawande 라는 초인적인 인물에 대해 들어본 적 있는가? 매사추세츠주 보스턴 소재 브리검여성병원 Brigham and Women's Hospital 외과 의사이자 하버드대학 교수이며 여러 권의 베스트셀러를 펴낸 저자이기도 하다. 로즈 장학생 Rhodes Scholar(옥스퍼드대학에서 공부하는 외국인 학생들에게 주어지는 장학금으로, 명망 있고 받기 어려운 장학금으로 꼽힌다 – 옮긴이)이었으며 비영리단체를 이끄는 회장으로 다양한 정부 자문 직책을 역임했다. 또한 의학 박사 외에 두 개의 석사 학위를 취득했으며 이민자 가정 출신이기도 하다. 어떻게 한 사람의 생애에 이 모든 일을 할 수 있었을까?

가완디는 《나는 고백한다, 현대의학을》에서 의대생으로서 불완전성과 씨름했던 경험을 회상한다. 그리고 수술에서의 실수는 종종 생사를 가르는 일이라는 현실을 어떻게 받아들였는지 상세히 기술한다. 그는 의사들이 불완전하다는 불편한 진실을 설명한다. 의사들은 의학과 과학을 해석하기 위해 최선을 다하지만 지식에는 빈틈이 있다. 그들에게는 좋은 날도 있고, 나쁜 날도 있으며, 배고플 때도 있고, 피곤하고 짜증이 날 때도 있다. 가족들에게 급한 일이 생기고, 음식물 처리기가 고장 나거나 협조적이지 않은 자녀들을 대할 때처럼 정신적 여유가 필요할 때도 있다. 다른 사람들과 마찬가지로 의사들은 순간적으로 결정을 내려야 하며 실수하기 쉽다. 사실 의사가 되기 위해 배우는 과정에서 그들은 아마도 훨씬 더 많은 실수를 해야 할 것이다! 첫 수술에서 완벽한 외과 의사일 수는 없다. 어쩌면 그 특정한 학습 곡선에서 최후의 대가는 심지어 사망일 수도 있다.

대안은 무엇일까? 직접 수술을 하기 전에 다른 외과 의사가 수술하는 것을 지켜볼 수 있다. 이를 열 번, 100번도 더 볼 수 있겠지만 언젠가는 직접 수술을 해야 할 것이다. 그 순간 그들은 초보자가 된다. 초보 외과 의사 없이는 결코 숙련된 외과 의사가 있을 수 없다. 그런다면 의학 분야에 작별을 고해야 할지도 모른다! 의사가 겪어야 할 학습 곡선은 시스템의 왜곡이 아니라 필수적인 부분이다.

다시 처음 질문으로 돌아가 보겠다. 가완디는 어떻게 이 모든 일을 다 해낼 수 있었을까? 핵심은 불완전함을 받아들이는 것이다. 그는 실수가 과정에서 필수적이고 근본적인 부분임을 이해했다. 위대함은 완벽만을 추구하여 얻을 수 없다. 초보자가 되는 것을 받아들이고, 값비싼 실수의 고통을 느끼면서 배우고 성장함으로써 얻을 수 있는 것이다. 이러한 피할 수 없는 함정은 가완디에게 걸림돌이 아니라 성장하는 과정의 근본적인 부분이었다. 긴 이력 목록에 있는 각 항목은 그가 그 과정에 완전히 몰두하고 중간에 비틀거림에 대한 저항을 포기하며 나아갔다는 것에 대한 증명이다.

완벽주의와 새로운 관계를 맺는 법은 배울 수 있다. 걱정의 원인 중 일부는 아마도 정답을 찾거나 실수할 가능성을 없애고자 하는 욕구 때문일 가능성이 크다. 많은 내담자가 이미 완벽주의로 문제가 되는 영역에서도 완벽하게 문제를 해결하려고 한다. 하지만 나는 그들에게 좀 더 의도적인 접근으로 시작할 것을 제안한다.

오늘의 실천

불완전하게 마무리하는 것을 목표로 하는 활동을 시도해보자. 새로운 일을 경험한다는 목적만 가지고 해보지 않은 일에 접근하자. 제대로 하지 못하고, 결과를 바로 얻지 못하는 불편함에 익숙해져야 한다. 새로운 악기를 배우거나 미술 수업에 등록하는 것 혹은 원예나 목공예, 베이킹과 같은 취미 활동이 이 목적에 잘 맞다. 목표는 측정이나 성취에 초점을 맞추는 것이 아니라 호기심과 열린 자세로 활동에 참여하는 법을 배우는 것이다. 이러한 활동을 통해 기꺼이 초보자가 되는 태도를 연습하자. 이 실천 과제가 지금까지의 과제들과는 다르다는 것을 알고 있다. 5분만 할애하면 해볼 수 있는 간단한 활동이 아니니 말이다. 불완전함을 인정하는 법을 의미 있게 삶에 적용하기 위해서는 지속적인 노력과 이 특성을 받아들이는 생활 방식이 필요하다.

⁝⁝⁝⁝ 나를 믿으면 걱정은 문제 되지 않는다 ⁝⁝⁝⁝

걱정 속에는 자기 자신에 대한 불신이 숨어 있다. 자신의 기술과 능력을 믿지 못하고 본능이나 판단을 신뢰하지 않는 것이다. 방금 살펴본 완벽주의적 기준이 자기 자신의 능력에 대한 신뢰를 저하한다. 어떤 일을 완벽하게 절대적으로 이해하지 못하면 그 일을 할 수 없다는 느낌이 들기 시작할 수도 있다. 예를 들어 대학에 진학하는 많은 학생이 독립적으로 살기 위해 필요한 특정 기술들이 부족하다. 세탁하는 방법이나 캠퍼스 버스 시스템을 이용하는 방법을 모를 수 있다. 혹은 교내 식당 위치나 지도교수와 연락하는 방법을 모를 수도 있다. 이 문제들은 당연히 해결해야 하는 것은 맞지만 모든 학생이 이러한 것들을 전부 반드시 익히고서 대학을 진학하게 하는 것이 목표는 아니다. 이는 이루기 어려운 목표다. 전제 조건이 독립 생활에 필요한 모든 일을 완전히 숙달하는 것이라면 아무도 부모님의 집을 떠날 자격이 없을 것이다.

모든 기술을 배우는 것은 불가능할 정도로 높은 목표이지만 다행히 더 합리적이고 효과적인 목표를 설정할 수 있다. 모든 것을 하는 법을 배우는 대신 어떻게 해야 모든 것을 할 수 있는지 배우는 것이다. 우리는 차의 변속기를 교체하는 방법을 알 필요가 없다. 그저 정비사를 찾는 방법만 알면 된다. 또 병원 진료실로 가는 가장 좋은 경로를 알 필요도 없다. 내비게이션을 사용하는 방법만 알면 되니까 말이다. 그리고 가장 중요한 것은 모든 것을 잘하려고 애쓸 필요가 없다는 사실이다. 실패를 해도 완전히 괜찮을 것이다.

운전 공포증이 있는 내담자를 상담한 적이 있다. 그는 운전 기술 자체보다 오히려 잘못될 수많은 가능성에 대한 두려움이 더 큰 사람이었다. 음주 운전자, 펑크 난 타이어, 덜컹거리는 소리, 빙판길 등 통제할 수 없는 모든 '만약에' 상황들 말이다! 타이어 교체 방법을 배우는 것처럼 내담자와 함께 자신감을 갖는 데 필요한 몇 가지 방법을 찾아보았다. 이때 모든 것을 알 필요는 없다는 사실을 인식하는 것도 중요했다. 만약 타이어에 구멍이 났고 교체 방법을 모른다면 보험업체나 지역 견인 업체에 전화를 걸면 된다. 휴대폰이 없으면 누군가에게 손을 흔들어 도움을 요청하거나 가까운 주유소까지 걸어갈 수도 있다. 물론 이러한 마지막 선택지는 이상적이지는 않을 것이다. 하지만 이상적이지 않다라는 것은 재앙과는 매우 다르다. 말하자면 나쁘거나 틀렸거나 해결할 수 없는 것을 의미하지 않는다.

종종 이런 종류의 예상치 못한 시나리오들이 걱정을 낳는다. 대학에 입학하거나 운전하는 동안 벌어질 모든 가능성을 계획하려고 하다 보면 생각에 꼼짝 없이 갇히고 만다. 이런 걱정은 너무 과하다. 모든 기술을 연마해야 한다거나 가능성 있는 모든 상황을 예상할 필요는 없다. 기본적인 문제 해결 기술만 익히면 된다. 그리고 자기 자신을 믿으면 된다.

세상을 살면서 제 능력을 발휘하기 위해서는 몇 가지 기본 가정을 만들어둘 필요가 있다. 일반적으로 일이 정상적으로 진행될 거라고 믿어야 한다. 일하고 있는 컴퓨터가 갑자기 얼굴 쪽으로 폭발하지 않을 것이며 앉아 있는 의자가 저절로 부서지지도 않을 것이고 모든 것을 지탱하고 있는 바닥이 내 발밑에서 갑자기 무너지지 않을 거라고 믿어야 한다. 이러한 신뢰는 세상이 원활하게 돌아가는 데 필수다. 그렇지 않으면 모든 것을 조사해야 하는 상황에 막혀버릴 것이다. 우리는 자기 자신을 신뢰해야 한다. 우리에게는 합리적인 결정을 내리는 능력이 있다는 것을 믿자. 갑자기 마주한 예기치 않은 문제도 해결할 수 있다는 믿음을 갖자. 이는 완벽하기 때문이라거나 실수하지 않을 것이라는 의미가 아니라 대부분은 합리적인 결과를 얻을 것이라는 뜻이다.

그럼 어떻게 하면 실수할 가능성을 받아들일 수 있을까? 바로 신뢰를 연습하는 것이다. 잠시 자신의 친구나 연인 관계를 떠올려보자. 어떻게 다른 사람들을 믿게 되었는가? 그들을 완벽히 통제하고 감시하여 자신에게 상처를 입히는 일이 없게끔 확실하게 챙겼는가? 아니면 상처받을 수 있다는 것을 알면서도 열린 마음으로 다가갔는가? 강한 유대감을 형성하는 데에는 상처받을 가능성을 열어두는 것이 필수적이다. 신뢰는 위험을 감수하는 것이다. 다른 사람을 믿고 관계를 맺기 위해서는 그들에게 당신의 신뢰를 얻을 기회를 주어야 한다. 이는 자기 자신에게도 마찬가지다. 자신을 신뢰하는 법을 배우고 싶다면 개방적이고 유연해야 한다. 자기 자신에게도 신뢰를 얻을 기회를 줄 필요가 있다.

오늘의 실천

자기신뢰를 배울 기회를 찾아보자. 분석하지 않고 신속하고 유연한 결정을 내릴 수 있는 상황을 찾으면 된다. 평소 다른 사람들에게 재확신을 구하곤 했던 상황에서 스스로 결정을 내리는 것이다. 이를테면 넷플릭스에서 딱 원하는 콘텐츠를 찾느라 한 시간 이상을 허비하는 대신 타이머를 1분에 맞춰 설정하고 골라보는 것이다. 토스터기 하나를 구매하기 위해 20개가 넘는 리뷰를 읽는 대신 몇 가지 옵션만 보고 결정해보자. 직장동료에게 보낼 이메일을 다시 읽는 대신 작성한 다음에 바로 전송 버튼을 눌러보자. 이 예시의 핵심은 넷플릭스에서 그렇게 선택한 영화가 재밌는지, 완벽한 토스터기를 샀는지, 이메일에 담긴 훌륭한 문장 구사에 동료가 감동할지 이런 게 아니다. 우리가 합리적인 선택을 할 수 있다는 사실이다. 영화가 재밌지 않아도, 토스터기가 결국 고장나도, 이메일에 오타가 있더라도 우리는 이 모든 것을 견딜 수 있다. 모든 결정을 과하게 고민하지 않아도 합리적으로 해낼 수 있다고 스스로 믿게 될 것이다.

‖‖‖ 저항하지 말고 기꺼이 받아들일 것 ‖‖‖

강박장애 치료센터에서 근무할 때 중요한 개인 소지품을 잃어버리는 것에 대한 강박관념이 있는 환자가 있었다. 그는 계속해서 확인하는 강박을 가지고 있었다. 예상대로 그가 치료 받으러 왔을 때 우리는 확인 강박을 없앨 것을 권장했다. 그리고 그는 권장받은 그대로를 실행했다. 하지만 나는 매일 그가 자신의 방으로 이어지는 계단 아래에서 서성거리는 모습을 발견했다. 그가 자신의 방으로 올라가서 확인하지는 않았지만 그렇다고 해서 나아진 것은 아니었다. 그 과정에서 아주 긴장한 채 괴로워했으며 여전히 강박과 싸우고 있었다.

의지는 감정적 경험을 할 수 공간을 만드는 것이다. 불편한 감정이나 생각이 존재하는 것을 인정하되 그것과 씨름하거나 저항하지 않는 것이다. 계단 아래를 서성이던 환자에게 있어 의지란 단순히 확인하지 않는 일을 의미하지 않는다. 불편한 감정들이 존재하는 것을 허용하면서 자신의 일상을 계속하는 것을 의미한다.

이 치료센터에서 실시한 한 연구에 따르면 개인의 의지력 수준이 높을수록 증상이 빠르게 감소하는 것으로 나타났다. 의지는 자신이 경험하고 있는 것을 반드시 좋아해야 한다거나 지지해야 한다는 의미가 아니라 단순히 저항을 멈추기로 결심했다는 것을 의미한다. 억누르거나 없애려고 하기보다는 그 경험을 받아들이는 것이다.

오늘의 실천

불안하거나 걱정이 들 때 잠시 멈춰서 지금 자신의 감정이 어떤지 느껴보자.
그리고 스스로 질문해보자. 나는 이 경험을 하고 싶은가? 더 열린 마음으로
받아들일 수 있는가? 조금 더 포기할 수 있는가? 만약 감정에 저항하거나 맞
서 싸우고 있다면 감정에 더 가까이 다가가서 그 경험을 받아들이는 연습을
해보자. 감정에 호기심을 느끼고 관심을 가지는 방식으로 긴장을 풀기를 바
란다. 종종 걱정은 불안이나 불확실성 혹은 해결되지 않은 느낌을 갖고 싶지
않은 마음에서 나온다는 것을 기억하자. 기꺼이 받아들이는 연습을 통해 걱
정을 불러일으키는 에너지를 일부 줄일 수 있다.

⁙⁙⁙ 있는 그대로의 나로 충분하다 ⁙⁙⁙

한 가지 고백하겠다. 나는 자기연민이라는 개념에 오랫동안
저항해왔다. 나는 근거에 기반한 치료 모델을 활용하는 데 자부
심을 품고 있으며 때때로 과학적 근거가 없어 보이는 치료법에
부정적인 시각을 갖기도 한다. 이런 태도는 좋은 의도에서 비롯
된 것이다. 내가 알고 있는 많은 내담자가 선의로 치료를 받기
는 하지만 더 나은 방법을 알지 못해서 비효율적인 치료를 하는
의료진에게 피해를 입었기 때문이다. 처음에는 자기연민이 단
순히 기분 좋은 긍정확언 같았으며 그 이상도, 그 이하도 아니

었다. 하지만 이는 큰 오산이었다. 실제로 이 개념을 뒷받침하는 많은 연구가 존재한다.

자기연민은 우선 낮은 불안과 우울과 관련이 있으며 불확실성에 대한 인내심 향상에도 관련이 있다. 또 이 접근법으로 정서 조절 능력이 향상됐다고 보고되었으며 스트레스와 인지 융합에 도움이 되고 삶의 만족도 향상과도 관련 있다고 알려졌다.

자기연민에 대해 내가 더 잘 이해하고 가치를 인정하게 된 것은 단순히 개념에 그치는 것이 아니라 실질적인 변화 메커니즘이 된다는 점이다. 일반적으로 치료 과정에서 단순한 보충재가 아니라 매우 활발하게 작용하는 부분이다. 대부분의 행동 모델은 학습에 의존한다. 이를테면 나는 내담자들에게 걱정을 멈추도록 요청하며 궁극적으로 그들이 괜찮다는 것을 배우게 될 거라고 기대한다. 나쁜 결과가 생기는 일 없이 그들은 일시적인 고통을 극복할 수 있었다. 하지만 내담자들이 걱정을 멈춘 대신 자기 자신을 비난한다면 어떻게 될까? 마음을 걱정스러운 분석으로 가득 채우는 대신 "이제 너는 실패자야.", "너는 무책임해.", "실수하지 말았어야 했어."와 같은 메시지로 덮어버린다면 말이다. 내담자들이 정말로 자신이 괜찮다는 것을 배우고 있는 것일까? 여기서 내가 깨닫게 된 것은 자기연민이 학습의 중요한 부분이라는 점이다.

강박장애 진단을 받고 강박적인 생각에 시달리는 내담자를 상담한 적이 있다. 우리는 비교적 빠르게 일부 명백한 강박을 없앨 수 있었지만 여전히 변화를 가로막는 요소가 있었다. 강박 행동은 멈추었는데 자기 혐오로 가득 차 있었던 것이다. 스스로 즐거워하는 순간을 발견할 때마다 그는 자신이 기쁨을 누릴 자격이 없다고 생각하며 물러서곤 했다. 샤워하기, 식사하기, 사람들과 함께 시간을 보내기 등 기본적인 자기돌봄 행위들을 자신에게 주어진 것이 아니라고 여겼다. 그는 삶에 의미와 목적을 가져다주는 것들과 단절된 채 고립된 생활을 했다. 이는 극단적인 사례지만 많은 사람이 이와 비슷한 상황에 놓인다. 걱정을 하지 않으면 스스로 세상에 적합하지 않다고 느낀다. 실수를 저지르거나 힘들어하는 것은 용서받을 수 없는 일이라고 생각하는 것이다.

세상에 그저 존재하는 것도 스스로에게 허락이 필요한, 이 힘들어하는 내담자를 위해 나는 치료의 초점을 바꿔야만 했다. 치료는 더 이상 강박에 저항하는 것에만 치중하지 않았고 자기 자신을 돌보는 연습에 중점을 두었다. 스스로 친절히 대하는 것은 치료 과정의 중요한 부분이었다. 그가 배워야 하는 것, 즉 강박이 없어도, 자신을 비하하지 않아도 있는 그대로의 자기 자신이 괜찮다는 것을 깨닫는 데 필수적인 요소였기 때문이다. 어떠한 조건 없이도 말이다. 그의 가치와 세상에서 자리를 차지할 권리는 완벽함이나 실수를 피하는 능력에 달려 있지 않았다. 그는

결점을 안고서 세상으로 나아갈 수 있었고 스스로 여전히 긍정
적으로 대하는 연습을 했다.

자기연민 전문 연구자이자 옹호자인 크리스틴 네프Kristen Neff
박사는 자기연민 연습의 세 가지 요소로 자기친절, 보편적 인간
성common humanity, 마음챙김을 언급했다.

자기친절(Vs. 자기판단 self-judgment)

평소 실수했을 때 무엇을 하는가? 고통이나 불완전함, 실패
의 순간에 어떻게 대응하는가? 자기연민을 실천하는 것은 자기
판단이 없는 태도를 취한다는 것을 의미한다. 자기 자신에게 따
뜻함과 이해심을 보여주는 것이다. 개인적으로 나에게는 부모
가 되는 일이 자기연민을 명확히 이해하는 데 도움이 되었다.
부모로서 나는 열 번에 아홉 번은 자녀들에게 자비로운 반응
을 보이고 싶기 때문이다. 아이들이 자전거에서 떨어졌을 때 나
는 "너 정말 못하는구나! 더 제대로 타야지!"가 아니라 "아프겠
구나. 새로운 것을 배우기는 어려울 수 있어. 노력하는 네가 정
말 멋져!"라고 반응한다. 나의 목표는 아이들이 새로운 것을 시
도하고, 실수를 하고, 완벽하게 해내든 혹은 실패하든 사랑받
을 거라는 확신을 가질 수 있는 환경을 유지하면서 자녀들을 지
원하는 것이다. 어른인 우리에게도 이러한 것들이 필요하다. 즉
자신에 대한 친절과 공감이 필요하다. 자기판단은 성장을 촉진

하지 않고 오히려 억누른다. 그런 감정들은 우리와 우리 삶을 책임지지 않으며 자신의 불완전함에 직면할 때 필연적으로 수치심을 경험하게 할 뿐이다. 자기친절은 우리 자신이 성장할 수 있는 환경을 스스로 조성하기 위한 책임을 지는 일을 의미한다. 우리는 인간으로서 성장하는 데 필요한 자기돌봄과 이해를 스스로 제공해야 한다.

보편적 인간성(Vs. 고립)

우리는 때때로 어떤 일을 개인적으로 받아들이기 쉽다. 결국 자기 자신에게 큰 관심을 가지고 있으니 말이다. 당신이란 존재는 고유하지만 고통과 괴로움을 겪는 당신의 경험은 특별한 것이 아니다. 또 당신은 결함이 있거나 저주받은 존재가 아니다. 당신만 혼자 힘든 싸움을 치르는 것이 아니라는 뜻이다. 누구나 고통을 느낀다. 모든 사람은 서툴고 엉성한 삶 속에 있다. 실수를 저지르고, 역경을 겪고, 실패하는 것은 모든 인간의 공통적인 경험 중 일부다. 이 보편적 인간성을 인정한다면 자기 자신에게도 공감을 베풀 수 있다. 고통이 삶의 정상적이고 필수적인 부분이며 결함이나 예외적인 것이 아니라는 점을 인정함으로써 자신에게 닥친 어려움을 올바른 관점으로 바라볼 수 있다. 인생의 어려움은 당신에게만 일어나지 않는다. 그것은 당신과 주변의 모든 사람을 연결시켜주는 요소 중 하나다.

마음챙김(Vs. 과도한 동일화)

자기 자신과 경험한 감정에 자기연민을 베풀기 위해서는 먼저 내적 경험의 관찰자가 되어 그 감정들을 느낄 수 있는 여유가 있어야 한다. 균형 잡힌 시각으로 자신의 생각과 감정을 마음챙김 관점에서 받아들인다면 감정에 빠져버리는 일 없이 여유를 찾을 수 있다. 자신의 내적 경험과 과도하게 동일시할 때, 즉 지나가는 생각이나 감정에 너무 많은 가치를 둘 때 우리는 효과적으로 반응할 능력을 잃게 된다. 앞서 이 부분에 대해 자세히 다루었으므로 여기서는 자세히 설명하지는 않겠다. 하지만 현재의 순간을 마음챙김으로 인식하는 것은 스스로 더 친절하게 대하고 보편적 인간성과 연결되는 첫 번째 단계다.

⠇⠇⠇⠇⠇ 일상에서 자기연민 실천하기 ⠇⠇⠇⠇⠇

자기연민의 이점과 어떤 것들이 있는지 살펴보았으니 이제 자기연민의 습관을 쌓는 데 도움이 되는 몇 가지 실천 과제를 자세히 알아보자. 기억해야 할 핵심은 스스로 더 연민의 마음으로 대해야 하는 것을 아는 것과 실제로 실천하는 것은 완전히 다른 일이라는 것이다. 그러니 연습하자!

모범 사례 참고하기

스스로 연민을 베푸는 한 가지 방법은 다른 사람의 자비를 모방하는 것이다. 이는 당신에게 무조건적인 사랑을 보여준 실제 주변 인물이거나 자기연민의 세 가지 측면을 구현한 허구의 인물일 수도 있다. 나에게는 〈반지의 제왕〉 속 간달프가 그런 인물이다. 그는 격렬한 감정을 느낄 때도 중요한 것(마음챙김)에 집중한다. 아주 작고 하찮아 보이는 생명체에게도 그 고유한 존엄성을 인정하며 결점이 그의 본질적인 가치(보편적 인간성)를 저해하지 않는다는 점도 인정한다. 절대반지가 수십 년 동안 코앞에 있었다는 사실을 깨닫지 못했다는 사실에 자책하지도 않으며 동료들과 담배 피우는 시간을 소중히 여긴다(자기친절). 다른 고전적인 캐릭터로는 요다, 덤블도어 교수, 예수, 메리 포핀스, 애티커스 핀치Atticus Finch(소설《앵무새 죽이기》의 등장인물로, 정의로운 인간상을 대표함 – 옮긴이), 미스터 로저스Mr. Roger(유명 TV 프로그램 〈미스터 로저스의 이웃〉을 제작해 미국 어린이들에게 지대한 영향을 미친 방송인 – 옮긴이) 등이 있다.

이상적이라고 생각하는 자기연민의 모습을 모방하고 싶다면 앞서 떠올린 모범 사례의 인물이 지금 당신 곁에 있고 어떤 말을 해줄 것 같은지 상상해보자. 당신에게 어떻게 말할 것인가? 또 그 내용은 무엇일까? 당신을 이해할까, 아니면 판단할까? 애정과 인정을 보여줄까, 아니면 비판과 거부감을 보여줄까? 만약 그 인물이 항상 당신과 함께하면서 연민을 베푼다면 어떤 모습일까? 이렇게 생각해본 방식으로 스스로에게 말하는 연습을 해보자.

친구와 대화하기

나는 종종 내담자들이 주변 사람에게는 연민의 태도로 대하면서 그와 같은 배려를 자기 자신에게 확장하는 일에는 많은 어려움을 겪는다는 사실에 놀라곤 한다. 현재 직면한 문제가 있는데 당신의 좋은 친구나 사랑하는 사랑이 같은 문제로 고생하고 있다면 어떤 말을 해줄 것인지 상상해보자. 같은 문제를 두고 자신에게 했던 말과 무엇이 다른가? 아마 스스로 말했던 방식으로 친구와 대화하지 않을 것이다. 왜 그런 가혹한 비판을 자신에게는 해놓고 다른 사람에게는 용납할 수 없을까? 다른 사람에게 보여준 것과 같은 배려와 연민을 자기 자신에게도 확장하려고 노력하자.

자기연민 일지 쓰기

이 책의 다른 실천 과제와 마찬가지로 자기연민 역시 쌓아가야 하는 습관이다. 자기연민을 삶에 더욱 자연스럽게 통합할 수 있는 단계에 도달하기 위해서는 더 의도적인 연습부터 시작하는 것이 좋다. 자기연민 일지를 작성해보자. 일과가 끝날 때마다 힘들었던 경험을 쓰는 시간을 가져보자. 예를 들어 사랑하는 사람에게 퉁명스럽게 대했거나 업무에서 실수했던 상황일 수 있다. 자기연민의 세 가지 구성 요소(자기친절, 보편적 인간성, 마음챙김)를 통합하여 그 경험에 대해 다르게 반응하는 연습을 해보자.

예를 들어 직장에서 실수했다면 일지 내용은 다음과 같을 수 있다. '회의에 늦었을 때 나 자신에게 화가 났다. 나는 시간 준수를 중요하게 생각하고 다른 사람의 시간도 소중하게 여긴다는 걸 보여주고 싶지만 누구나 실수를 한다는 사실도 알고 있다. 때론 늦을 수도 있다. 한 번 실수한 것은 괜찮다.'

또는 사랑하는 사람에게 짜증을 냈다면 일지에 이렇게 적는다. '오늘 아이들이 말을 듣지 않아 짜증을 내고 말았다. 아이들에게 소리를 지르고 나서 내가 의도했던 방식대로 양육하지 않은 것에 대한 부끄러움을 느꼈다. 원래 부모가 되기란 어렵고, 때때로 침착함을 잃게 된다. 그렇지 않고서는 아무도 아이를 키울 수 없다. 내가 화났던 것은 그럴 만한 일이다. 속상해하고 실망해도 괜찮다.'

⁝⁝⁝⁝⁝ 중요한 것은 마음과 새로운 관계를 맺는 것 ⁝⁝⁝⁝⁝

이 책에서 우리는 많은 내용을 살펴보았다. 당신이 자신의 걱정을 좀 더 깊이 이해하고, 그 걱정을 움직이게 하는 원리를 깨달았기를 바란다. 아울러 당신의 고유한 걱정거리를 잘 다룰 수 있는, 잘 맞는 전략을 찾아 실천하기를 시작했길 바란다.

인내심을 가져야 한다. 우리는 실수를 저지를 수밖에 없다. 예전 습관으로 돌아가 다시 걱정하는 자신을 발견할 수도 있다. 모든 건 너무 당연한 일이다. 새로운 것을 배우는 과정의 일부이기 때문이다. 이러한 기술들이 더 직관적으로 느껴지기까지는 분명 시간이 걸릴 것이다. 스스로 초보자라는 사실을 인정하자. 새로운 전략들을 힘들이지 않고 수행하게 되고 제2의 천성처럼 느껴질 때가 올 것이다. 어쩌면 계속 노력해야 한다고 느낄 수도 있다. 어떤 쪽이든 모두 나쁘거나 잘못된 게 아니다. 어렵게 느껴진다 해도 괜찮다.

걱정을 완전히 없애든, 아니면 가끔 걱정에 빠져들든 중요한 것은 당신이 그 과정에 참여하고 성장하며 나아갈 수 있도록 당신의 마음과 새로운 관계를 맺는 것이다.

| 감사의 말 |

수년간 저와 함께 해준 내담자들께 감사드립니다. 그들의 용기와 힘은 제게 영감을 주었으며 그들의 지혜는 이 책 곳곳에 담겨 있습니다. 여러분의 여정에 함께할 수 있어 영광이었고, 저의 여정에도 함께해주신 점 감사드립니다.

출판사 뉴하빈저New Harbinger의 예니 가리발디Jennye Garibaldi, 비크라즈 길Vicraj Gill, 조이스 우Joyce Wu에게도 감사드립니다. 처음 책을 쓰는 저에게 인내심을 가지고 전문적인 지도와 열정을 보여주셔서 감사합니다.

맥린병원 강박장애 연구소의 전·현직 동료들도 고맙습니다. 그들의 공감과 기술 그리고 독창성은 제가 열망하는 임상심리 전문가에 대한 높은 기준을 세울 수 있는 훌륭한 모범이 되어주었습니다. 강박장애 환자 공동체에 대한 여러분의 배려와 헌신은 삶을 구하는 일과 같습니다. 덕분에 제게 전문가로서의 자리를 찾았다는 확신을 주었습니다.

부모님과 댄에게도 감사를 표합니다. 저를 향한 끝없는 지원

과 격려는 매우 소중했습니다. 호기심과 평생 학습의 정신을 키
워주셔서 감사합니다. 당신들이 제 곁에 있어준 것은 제게 큰
의미였습니다.

하퍼, 말로, 오웬 그리고 조이에게도 고마움을 전합니다. 그
들이 보여준 열정과 엉뚱함, 눈물 그리고 기쁨은 목적이 넘치는
세상에 사는 것이 얼마나 행운인지를 상기시켜 주었습니다. 나
의 일상을 정신없지만 아름답고 생명력 넘치게 만들어 주어 고
맙습니다.

주말에 내가 이 책을 쓰는 동안 기꺼이 네 명의 아이들을 돌
봐주고, 사랑과 지지를 보내준 베카에게 감사를 전합니다. 당신
의 지원은 모든 것을 가능하게 만들어 주었습니다. 최고의 동반
자로 이 삶을 함께 만들어 나가주어서 고맙습니다. 당신은 절대
로 질리지 않을 유일한 사람입니다.

Baker, A., M. Mystkowski, N. Culver, R. Yi, A. Mortazavi, and M. Craske. 2010.
"Does Habituation Matter: Emotional Processing Theory and Exposure Therapy
for Acrophobia." *Behaviour Research and Therapy* 48(11): 1139-43.

Bailey, R., and A. Wells. 2015. "Metacognitive Beliefs Moderate the Relationship
Between Catastrophic Misinterpretation and Health Anxiety." *Journal of Anxiety
Disorders* 34: 8-14.

Baumeister, R., K. Vohs, and D. Tice. 2007. "The Strength Model of Self-Control."
Current Directions in Psychological Science 16(6): 351-5.

Brown, S., M. Hughes, S. Campbell, and M. Cherry. 2020. "Could Worry and
Rumination Mediate Relationships Between Self-Compassion and Psychological
Distress in Breast Cancer Survivors?" *Clinical Psychology & Psychotherapy* 27(1):
1-10.

Cartwright-Hatton, S., and A. Wells. 1997. "Beliefs About Worry and Intrusions: The
Meta-Cognitions Questionnaire and Its Correlates." *Journal of Anxiety Disorders*
11(3): 279-96.

Collardeau, F., B. Corbyn, J. Abramowitz, P. Janssen, S. Woody, and N.
Fairbrother. 2019. "Maternal Unwanted and Intrusive Thoughts of Infant-Related
Harm, Obsessive-Compulsive Disorder and Depression in the Perinatal Period."
BMC Psychiatry 19(1): 94.

Deniz, M. 2021. "Self-Compassion, Intolerance of Uncertainty, Fear of COVID-19,
and Well-Being: A Serial Mediation Investigation." *Personality and Individual
Differences* 177: 110824.

Dweck, C. 2007. *Mindset: The New Psychology of Success.* New York: Ballantine Books.

Finlay-Jones, A., C. Rees, and R. Kane. 2015. "Self-Compassion, Emotional
Regulation, and Stress Among Australian Psychologists: Testing an Emotion
Regulation Model of Self-Compassion Using Structural Equation Modeling." *PLoS
ONE* 10(7): e0133481.

Gawande, A. 2003. Complications: *A Surgeon's Notes on an Imperfect Science.* New York:
Picador.

Harris, R. 2008. *The Happiness Trap: How to Stop Struggling and Start Living.* Boston:
Trumpeter Publishing.

참고 자료

Hazlett-Stevens, H., B. Zucker, and M. Craske. 2002. "The Relationship of
ThoughtAction Fusion to Pathological Worry and Generalized Anxiety Disorder."
Behaviour Research and Therapy 40(10): 1199-204.

Keng, S., M. Smoski, C. Robins, A. Ekblad, and J. Brantley. 2012. "Mechanisms of
Change in Mindfulness-Based Stress Reduction: Self-Compassion and Mindfulness
as Mediators of Intervention Outcomes." *Journal of Cognitive Psychotherapy* 26(3):
270-80.

McGonigal, K. 2013. *The Willpower Instinct: How Self-Control Works, Why It Matters,
and What You Can Do to Get More of It.* New York: Avery Publishing.

McKay, D. 2006. "Treating Disgust Reactions in Contamination-Based
ObsessiveCompulsive Disorder." *Journal of Behavior Therapy and Experimental
Psychiatry* 37(1): 53-9.

Neff, K. 2003. "The Development and Evaluation of a Scale to Measure
SelfCompassion." *Self and Identity* 2(3): 223-50.

Neff, K., K. Kirkpatrick, and S. Rude. 2007. "Self-Compassion and Adaptive
Psychological Functioning." *Journal of Research in Personality* 41(1): 139-54.

O'Connor, K., and F. Aardema. 2011. *Clinician's Handbook for Obsessive Compulsive
Disorder: Inference-Based Therapy.* West Sussex, UK: Wiley-Blackwell.

Olafiranye, O., G. Jean-Louis, F. Zizi, J. Nunes, and M. Vincent. 2011. "Anxiety and
Cardiovascular Risk: Review of Epidemiological and Clinical Evidence." *Mind and
Brain: The Journal of Psychiatry* 2(1): 32-7.

Rachman, S., and P. de Silva. 1978. "Abnormal and Normal Obsessions." *Behavior
Research and Therapy* 16(4): 233-48.

Reid, A., L. Garner, N. Van Kirk, C. Gironda, J. Krompinger, B. Brennan, et al. 2017.
"How Willing Are You? Willingness as a Predictor of Change During Treatment
of Adults with Obsessive-Compulsive Disorder." *Depression and Anxiety* 34(11):
1057-64.

Shafran, R., D. Thordarson, and S. Rachman. 1996. "Thought-Action Fusion in
Obsessive Compulsive Disorder." *Journal of Anxiety Disorders* 10(5): 379-91.

Thompson-Hollands, J., T. Farchione, and D. Barlow. 2013. "Thought-Action Fusion
Across Anxiety Disorder Diagnoses: Specificity and Treatment Effects." *Journal of
Nervous and Mental Disease* 201(5): 407-13.

Vigen, T. 2015. *Spurious Correlations.* New York: Hachette Books.

Wells, A. 2011. *Metacognitive Therapy for Anxiety and Depression.* New York: Guilford

Press.

Wells, A., and C. Carter. 2001. "Further Tests of a Cognitive Model of Generalized Anxiety Disorder: Metacognition and Worry in GAD, Panic Disorder, social Phobia, Depression, and Nonpatients." *Behavior Therapy* 32(1): 85-102.

Yadavaia, J., S. Hayes, and R. Vilardaga. 2014. "Using Acceptance and Commitment Therapy to Increase Self-Compassion: A Randomized Control Trial." *Journal of Contextual Behavioral Science* 3(4): 248-57.

옮긴이 **김보미**

고려대학교 국어국문학과를 졸업했으며 성균관대학교 번역테솔대학원을 졸업했다. 현재 번역 에이전시
엔터스코리아에서 전문 번역가로 활동하고 있다. 주요 역서로는 《보이지 않는 영향력》, 《모든 것이 되는
법》, 《대화의 기술》, 《원하는 인생으로 점프하라》(공역) 등이 있다.

걱정 다루기 연습

초판 1쇄 발행 2024년 6월 24일

지은이 벤 엑슈타인
옮긴이 김보미
펴낸이 정덕식, 김재현

책임편집 김민혜
디자인 Design IF
경영지원 임효순

펴낸곳 (주)센시오
출판등록 2009년 10월 14일 제300-2009-126호
주소 서울특별시 마포구 성암로 189, 1707-1호
전화 02-734-0981
팩스 02-333-0081
메일 sensio@sensiobook.com

ISBN 979-11-6657-155-8 03190

소중한 원고를 기다립니다. sensio@sensiobook.com